墨雅余香
纸润流芳

典籍

典籍是文化的载体，同时又促进了人类文化的发展。

典籍的历史是一部文明发展史。

——吉林省图书馆藏珍籍展图录

赵瑞军◎主编

吉林大学出版社

·长春·

图书在版编目（CIP）数据

墨雅余香　纸润流芳：吉林省图书馆藏珍籍展图录/
赵瑞军 主编. -- 长春：吉林大学出版社，2019.10
　　ISBN 978-7-5692-5806-6

　Ⅰ.①墨… Ⅱ.①赵… Ⅲ.①公共图书馆－古籍－图书
目录－吉林 Ⅳ.①Z838

中国版本图书馆CIP数据核字(2019)第251103号

书　　名：墨雅余香　纸润流芳——吉林省图书馆藏珍籍展图录
　　　　　MOYA YUXIANG ZHIRUN LIUFANG——JILIN SHENG TUSHU GUANCANG ZHENJIZHAN TULU

作　　者：赵瑞军　主编
策划编辑：曲天真
责任编辑：李潇潇
责任校对：周　鑫
装帧设计：刘　瑜
出版发行：吉林大学出版社
社　　址：长春市人民大街4059号
邮政编码：130021
发行电话：0431-89580028/29/21
网　　址：http://www.jlup.com.cn
电子邮箱：jdcbs@jlu.edu.cn
印　　刷：吉广控股有限公司
开　　本：880mm×1230mm　　1/16
印　　张：8
字　　数：150千字
版　　次：2019年10月　第1版
印　　次：2019年10月　第1次
书　　号：ISBN 978-7-5692-5806-6
定　　价：200.00元

编委会

前　言

　　典籍是文化的载体，同时又促进了人类文化的发展。典籍的历史是一部文明发展史。中国古代浩如烟海的文献典籍，记载了一个不断发展的统一的多民族国家的历史，反映了我国从远古到近代的政治、经济、社会、文化、科学的发展进程。

　　习近平总书记强调指出："传承中华文化，绝不是简单复古，也不是盲目排外，而是古为今用，洋为中用，辩证取舍、推陈出新，摒弃消极因素，继承积极思想，'以古人之规矩，开自己之生面'，实现中华文化的创造性转化和创新性发展。"

　　为响应习总书记这一号召，让公众了解古籍，关注古籍保护事业，吉林省图书馆典籍博物馆特举办"墨雅余香 纸润流芳——吉林省图书馆藏珍籍展"。展览从吉林省图书馆馆藏珍品及入选《国家珍贵古籍名录》的古籍中遴选出 80 部具有代表性的珍品，是吉林省图书馆规模最大、珍本最丰的一次馆藏珍籍的集中展示，版本种类包括了写本、刻本、稿本、抄本、批校题跋本、活字印本、套印本、钤印本、四库底本、四库写本等多种版本。

　　展览分"典籍撷英·唐宋珍品""内府藩府·精刻为贵""碑拓钤印·以广流传""稿抄校本·孤本秘籍""套印聚珍·光彩焕然""地方文献·乡土记忆"六个部分。

　　希望一部部珍贵古籍的展示能让您领略传统文化的精彩。

【目录】

壹

典籍撷英·唐宋珍品

造纸术的改进使得纸写本逐渐取代简帛书，魏晋南北朝隋唐五代时期成为我国的写本时代。世易时移，人们对于书籍的大量需求，纸、墨等材料的广泛使用，雕刻、治印、传拓技术的长期流行，使雕版印刷术应运而生，这是书籍生产方式上的伟大变革，推动并促进了雕版印刷术的产生。百部、千部的大书都可以快速地刷印流传，书籍的生产量比手写本时代有了大大的跃进。雕版印刷术至宋代大兴，在9世纪就已经相当发达，辽西夏元明时期各有广泛发展，迄至清代，延续千余年，雕版印刷术已成为中华民族文化传承与发展的重要工具。唐咸通九年（868）雕印的《金刚经》就是成熟而精美的雕版印刷品。雕版印刷术的运用，大大加快了书籍制作的速度，标志着中国书史跨进了一个新的时代。

无量寿观经

（南朝宋）释畺良耶舍译　唐写本

轴装一轴　存十至十六观

隋唐两代（581—907 年）书写已经形成完备的人才队伍，据《唐书·职官志》记载，除有专职人员"令史"之外，还有楷书手、群书手、画手（画插图）、熟纸匠、装潢工等。唐代私人抄书、藏书逐渐增多，佛经广泛流行，僧寺写经布施，民间写经祈福者更是不计其数。抄写佛经主要形式是纸质卷轴，用纸若干张粘连成长幅，每张纸长 40 到 50 厘米左右，高约 25 到 27 厘米，一般为 20 行至 30 行，每行字数也有一定规律，经卷一般为 17 字左右。唐人写经以敦煌莫高窟发现最多，目前大多收藏在中国、英国、法国、日本等国家。

馆藏古籍珍品《无量寿观经》，乌丝栏，行 16、17、18 字不等。纸质柔韧，经入潢处理成深黄色。字迹工整、端秀，近似柳体。经卷内容为《佛说无量寿观经》之一部分。此卷首残尾全。通长 370 厘米，高 24.5 厘米。纸张数共八张。存二百四行。其与敦煌遗书卷子的简易装订制式、行款完全相合。此卷尽管是局部，由于抄写于唐代，距原译时间最近，流传千余年，既是艺术珍品，更是珍贵的历史文物。

逮无生忍五百侍女發阿耨多羅三藐三菩
提心願生彼國世尊卷記皆當往生生彼國
已得諸佛現前三昧无量諸天發无上道心
尒時阿難即従坐起前白佛言世尊當何名
此經此法之要當云何受持佛告阿難此經
名觀斂樂國土无量壽佛觀世音得大勢至
菩薩亦名淨除業郭生諸佛前汝當受持
无令忘失行此三昧者現身得見无量壽佛
及二大士若善男子善女人但聞佛名及二
菩薩除无量劫生死之罪何況憶念若念佛
者當知此人是人中分陀利華觀世音菩薩
大勢至菩薩為其勝友當坐道場生諸佛家
阿難汝好持是語持是語者即是持无量壽
佛名佛說此語時尊者目揵連阿難及韋提
希等聞佛所說皆大歡喜尒時世尊足步虛
空還耆闍崛山尒時阿難廣為大衆說如上
事无量諸天龍夜叉聞佛所說皆大歡喜礼
佛而退

佛説无量壽寺觀經

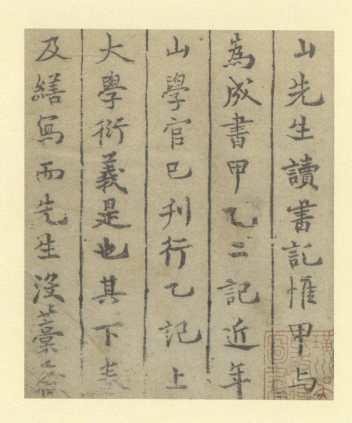

西山先生真文忠公读书记甲集
三十七卷乙集下二十二卷丁集二卷

（宋）真德秀撰　宋开庆元年（1259年）
福州官刻元修本

真德秀（1178—1235年），福建蒲城人。号西山，南宋著名理学家。庆元五年（1199年）进士，官至参知政事、资政殿学士，谥文忠，事迹见《宋史·真德秀传》。

馆藏此本刊于福州。下书口有"延祐五年刊""大德六年刊补""嘉靖五年刊补"及部分刻工及字数统计，丁集二卷及甲乙二集部分为抄配，故该书两种版框，大小不等。乙集丁集末有牌记"监雕迪功郎福州福清县县学主学张植／提督奉议郎通判福州军州事兼西外宗正臣黄严孙／提督奉议郎特添差福建安抚司参议官仍厘务涂演"。该书内容有论大义、处贫贱、处生死、安义命等等，可谓自身心性命及先儒授受源流等等，无不胪晰。古今兴衰治忽之故犁然可睹。

此本曾经吴铨璜川书屋收藏。钤印："璜川吴氏收藏图书""禹城滦氏珍藏""白云劝进杯中物"。

西山先生真文忠公讀書記　甲集

書湯誥曰惟皇上帝降衷于下民　此戊湯誥萬邦之詞○孔氏曰皇

性克綏厥猷惟后　大也衆善也順人有常之性能安

立其道則惟在人君唐孔氏曰天生蒸民與之五常之性使有

仁義禮智信是天降善於民也○程子曰以形體謂之天以

宰謂之帝○朱子曰自天而言謂之降衷自人受此衷而言則

謂之性其要在降衷上○林氏曰天能降于

是無過不及之中是恰好底道理天然自有人物各有一副當恰

地之中相似昔人云衆善也却親切○劉氏曰天能降衷于

匹道理降衷爾與程子所謂天生民

民不能使民保其常性而立之君而付之以教命之權

師藥曰天生民保其常性而立之君而使失性者以安其

所降者是乃君之事故曰云湯欲言桀之暴虐夫民以安世

下則以此言為先蓋揆本上天所為立君以民之意與神爬之

文选六十卷

（南朝梁）萧统辑 （唐）李善 吕延济 刘良 张铣 吕向 李周翰注 宋赣州州学刻宋元明递修本

馆藏该本书品极佳，彩锦函套，字体欧柳兼及，凝重端庄。《中国古籍善本书目》著录，本馆与国家图书馆为全帙；上海馆、山东馆为残本。全书六十四册，完整无缺。

曾经明代书画名家唐伯虎和董其昌、校勘学家吴元恭、收藏家潘允端、清初学者钱谦益递藏。钤："吴氏元恭""南京解元""董氏玄宰""豫园主人""钱谦益印"。

萧统 (501—531 年)，梁武帝萧衍长子，未及即位而卒。约梁普通七年 (526 年) 前后，萧统编选《文选》，亦称《昭明文选》。唐宋科举，以试诗赋为主，《文选》的影响达到巅峰，唐代有"《文选》学"之号，宋人有"《文选》烂，秀才半"之语。

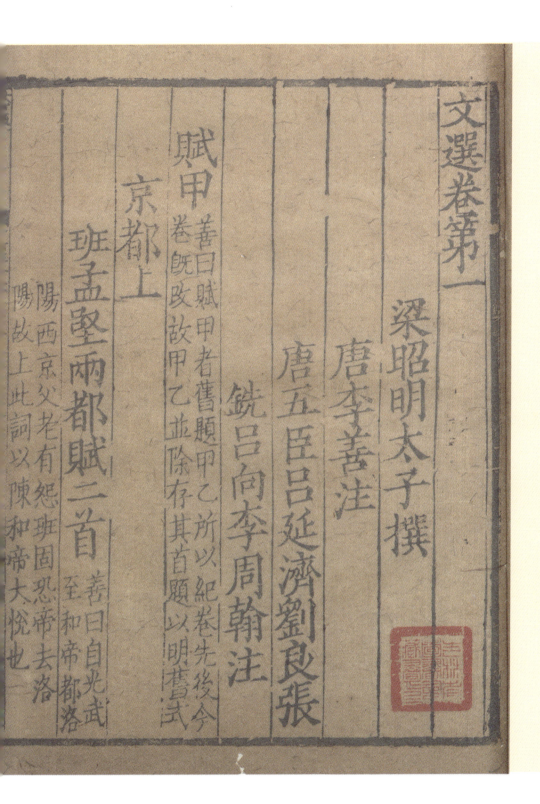

文選卷第一

梁昭明太子撰

唐李善注

唐五臣呂延濟劉良張

銑呂向李周翰注

賦甲

善曰賦甲者舊題甲乙所以紀卷先後今

卷既改故甲乙並除存其首題以明舊式

京都上

班孟堅兩都賦二首

善曰自光武

至和帝都洛

陽西京父老有怨班固恐帝去洛

陽故上此詞以陳和帝大悅也

资治通鉴纲目五十九卷

（宋）朱熹撰　宋嘉定十四年（1221年）

江西刻本　存卷十八

《国家珍贵古籍名录》编号：07088

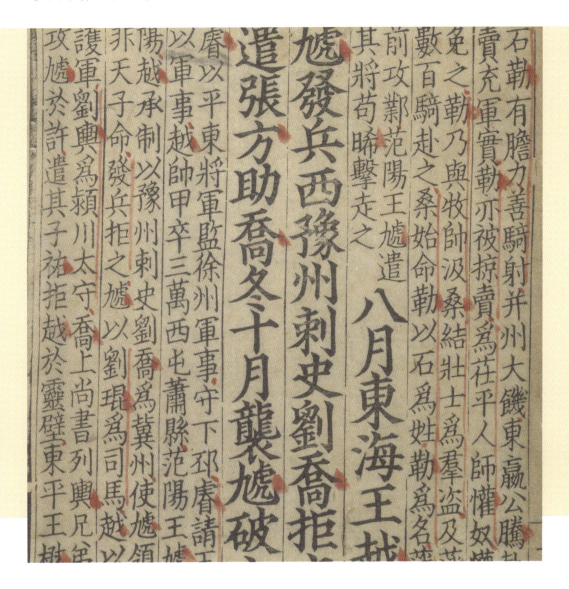

　　朱熹是南宋著名理学家，一生编著过《资治通鉴纲目》《宋八朝名臣言行录》《伊洛渊源录》等多部史书。朱子因司马光《资治通鉴》以作《纲目》，惟《凡例》一卷出于手定，其纲目皆门人依《凡例》而修，创立了我国纲目编年体史书新体裁，开拓了史学研究的新领域；他用理学统率史学，这一思想被后世奉为圭臬，捧为正统，影响极其深远。研究朱熹的史学思想，有助于把握封建社会后期整个史学的发展。

　　钤印："朱升印信""宜尔子孙"。

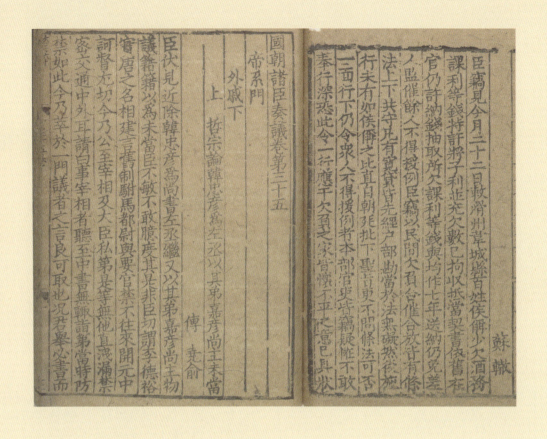

国朝诸臣奏议一百五十卷

（宋）赵汝愚辑　宋淳祐十年（1250年）史季温福州刻元修本

辑选北宋诸臣奏议一千六百三十一篇，起自建隆，迄于靖康，是我国古代流传至今按门类编纂的属于断代性质的档案文献汇编，是现今存世不可多得的珍稀善本。它收录了北宋二百四十三位官员所上的一千六百三十一篇奏议，约一百三十万字。全书共分十二门。由南宋宗室赵汝愚编纂。宋淳祐十年（1250年）福州史季温刻元修本现存世二部。我馆所存这部书是其中之一，是残本。仅存三十四、三十五两卷，共三册。

赵汝愚（1140—1196年），字子直。南宋乾道二年（1166年）进士，历仕孝宗、光宗、宁宗三朝。因拥立宁宗之功，绍熙五年（1194年）被任为宰相，是宋代皇族中唯一一任宰相的人。后被韩侂胄排挤，在贬赴福州途中暴亡，谥忠定。

书集传音释六卷首一卷末一卷

（宋）蔡沈撰　（元）邹季友音释

元至正双桂书堂刻本

蔡沈 (1167—1230 年)，字仲默，建阳（今福建建安）人，南宋学者。其父南宋大儒蔡元定，字季通，学者尊称西山先生。朱熹与蔡元定亦师亦友。蔡沈既得家学，又师承于朱熹。从父谪道州，后隐居于九峰山，专习《尚书》，学者称九峰先生。至明代追谥文正。

朱熹晚年欲著《书传》未成，沈受父、师之托，汇集多种《尚书》注解并有所阐发，历十年成《书集传》，此时朱熹已去世十年。蔡氏《书集传》是朱熹、蔡元定治《书》及宋代《书》学之集大成者，代表了宋代《尚书》学研究的最高成就，为元代以后试士所用标准注本。原无音释，此本系用邹氏经传音释附于各段之后，是《尚书》诠释的正统，也是中国封建社会后期最有影响的学术经典。馆藏该本作为元代传世孤本，其版本价值很值得重视。

《国家珍贵古籍名录》编号：00226

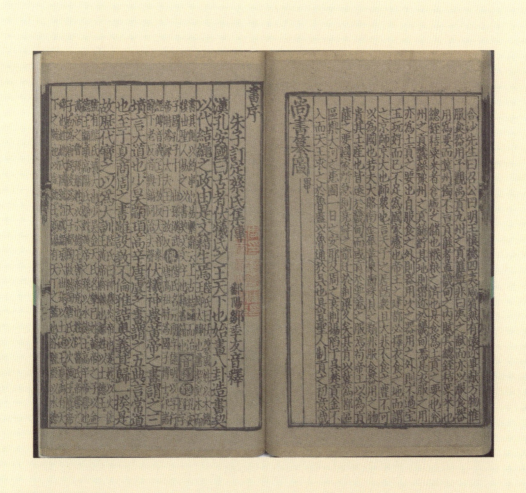

春秋左氏传补注十卷

（元）赵汸撰　元至正二十四年（1364年）休宁商山义塾刻明弘治六年（1493年）高忠重修本

《国家珍贵古籍名录》编号：02595

　　赵汸（1319—1369年），徽州休宁（今安徽休宁）人，字子常，元明间著名学者。赵汸先后师从黄泽及虞集等人，造诣精深，诸经无不通贯，尤用力于《春秋》，后筑东山精舍，读书著述其中。明初奉诏修《元史》，书成辞归，不久逝世，学者尊称东山先生，事迹见《明史·儒林传》。

　　赵汸治《春秋》尊从其师黄泽之说，赵氏治《春秋》，简而明。元至正二十至二十四年（1360—1364年）婺源汪同商山义塾刻其山长赵汸所撰《春秋属辞》十五卷、《春秋左氏传补注》十卷以及赵汸所编其师黄泽的《春秋师说》三卷。馆藏此本首为赵汸自序，考其行款字体及版心特征应即为元至正二十至二十四年（1360—1364年）商山义塾刻明弘治六年（1493年）高忠重修本。

　　钤印："内翰之章"。

《黄帝内经》是世界上现存最早的医学典籍。由《素问》《灵枢》两部分组成。《素问》主要阐释人体生理、病理、疾病治疗原则，养生防病以及人与自然的关系等基本理论；《灵枢》主要阐释人体解剖、脏腑经络、腧穴针灸等。该书全面总结了汉以前医学成就，它所奠定的医学理论框架和探究人与自然、疾病之间关系的认知方法，以及它所确立的天人合一、形神一体的养生保健法则，是其后 2200 多年来中国及东亚地区各国传统医学起源与发展的基础和准绳，时至今日仍然指导着中医理论的传承与发展。

《素问》《灵枢》的早期传本已佚，唐宝应元年（762 年），王冰在全氏注本基础上，重新整理、注释、补缀、编次，历时十二年而成书。宋嘉祐（1056—1063 年）年间，校正医书局林亿、高保衡等人奉敕对王冰注本《黄帝内经》加以校勘，并由政府刊印颁行，其规模之大、质量之优，前所未有，故为历代医家所珍重。该本亦成为后世《黄帝内经》各种版本之祖本。

本次展览所展出的《新刊补注释文黄帝内经》（元后至元五年（1339 年）胡氏古林书堂刻本）在 2010 年 3 月，与《本草纲目》入选"世界记忆亚太地区名录"。此版本《黄帝内经》国内仅国家图书馆、吉林省图书馆收藏。国图为全本，我馆的是残本。

新刊补注释文黄帝内经素问十二卷

（唐）王冰注 （宋）林亿等校正 （宋）孙兆改误

元后至元五年（1339 年）胡氏古林书堂刻本

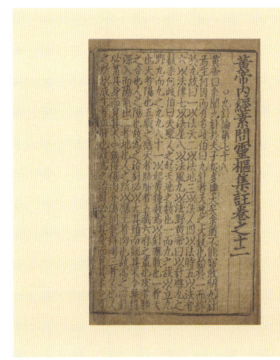
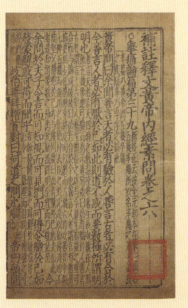

《国家珍贵古籍名录》编号：07136

书经便蒙详节二卷

（明）薛虞卿批校　（清）何焯　（清）毛用吉

（清）倪稻孙跋

　　该书内容是对宋代蔡沈所作《书集传》的节选。明代科举考试主要为八股取士，有着严格的规定，不得超出程朱理学的范畴，不能自由发挥。尤其在永乐十二年（1414年）明成祖令胡广等编纂《四书五经大全》之后，科举考试的内容基本上都以《四书五经大全》所尊的朱熹《四书》《易经》《诗经》注以及蔡沈《书集传》等传注为主。从内容来看，此书可取之处不多，馆藏此本珍贵之处在于为后世留下了一部详加批校的范本，一部《尚书》逐段批点，或传，或评，或考，或注，几乎写满天头，地脚也时有所记。朱墨蝇头小楷，章法严谨，书体秀丽，夹以行草，更显潇洒流畅。

　　唯此书用为科考，非为鉴藏，批点之人并未署名，且各主要藏书目录均未见对此本之记载，一直不为众人所知。后康熙庚辰（1700年）何焯得观此书，并于卷末题跋："前辈为科举之学攻苦如是，其不遇也乃可言命。吾侪卤莽，敢怨有秋之晚乎？书以志愧，并励后之人，毋徒玩其字画。康熙庚辰何焯识。"嘉庆九年（1804年）毛用吉在卷端识语。嘉庆十三年（1808年），倪稻孙又于卷端补录。此二人识语，写明批点之人为明薛虞卿。薛虞卿，河东（今山西永济）人，居江苏长洲（今苏州）。文徵明甥。书、画、诗、文俱精妙。

　　此本曾经毛庆善、徐世昌等收藏。钤印："榕坪""用吉之印""红豆书楼""弢斋藏书记""毛叔美珍藏印""益津张氏珍藏之印""尚友斋书画记""尚友斋印""翠庭所藏"。

此薛虞卿先生批衣書徑二冊余滋其元孫壽魚

因之後有何峴瞻先生跋虞卿先生名曰蓋方中

無欵何跋亦不言前輩而誰故記於此

嘉慶九季甲子孟夏廿日毛用吉識

越四年戌辰閏端陽雨中過靜寄樓獲觀是書義門先生跋謂冊

徒觀其字畫然因字以考其人方知為虞卿薛先生手評故書家曾

寫四十二章經尚未刻石行世毛君榕坪收其真蹟此書亦為毛君所收歸

吾友程君滄秋者榕坪所識數語亦為補錄而薛先生方不泯矣倪稻孫記

15

批点分格类意句解论学绳尺十卷
诸先辈论行文法一卷

（宋）魏天应选编　（宋）林子长笺解　（明）游明校正

明成化五年（1469年）刻本

魏天应，号梅蜜，南宋建安人，乡贡进士。《诗人玉屑》编者魏庆之之子、南宋末年著名爱国诗人谢枋得门人。

林子长，号笔峰，隆兴元年（1163年）进士，官京学教谕。

游明，字大升，江西丰城人，明景泰二年（1451年）进士，天顺中为福建司按察佥事，提督学政。

论体文源远流长，至宋代成为科举必考，出现了一些选辑以议论文为主并附加笺评批点的文章选本，其中《论学绳尺》最为独特。此书专收南宋科场论文，有笺注、批点、讲评，完整展示了宋代论体文章的形态、文法、内涵，具有独特的文章学价值。

《论学绳尺》现存最早为明成化刊本，其次是明天顺刻本，存于复旦大学图书馆，此外便是《四库全书》本。馆藏该本为明成化五年（1469年）刻本。钤印："燕园所藏"。

《国家珍贵古籍名录》编号：09432

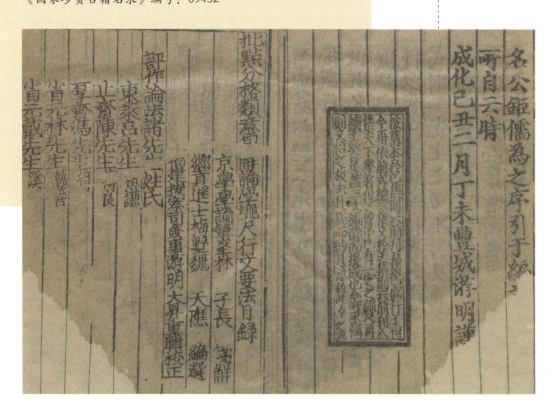

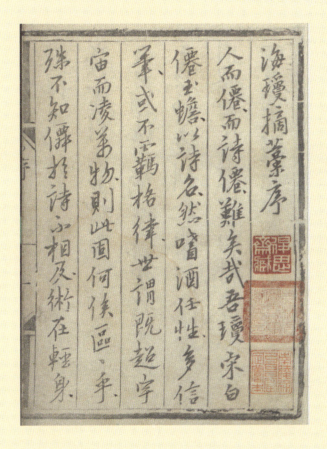

《国家珍贵古籍名录》编号：05720

白玉蟾海琼摘稿十卷

（宋）葛长庚撰

明嘉靖十二年（1533年）唐胄刻本

　　白玉蟾，南宋著名道士。原名葛长庚，字白叟，号海琼子。海南琼州人。后来他的祖父及父亲相继死亡，他的母亲改嫁白氏，所以改姓白。

　　白玉蟾在琴棋书画方面均有很深的造诣，尤其是他的草书更是为时人所推重。诗文流传下来的有诗歌千余首，词百余首，散文二百多篇，南宋彭耜版《海琼玉蟾先生文集》已佚。明正统年间，朱元璋的第十七个儿子朱权重新校正选辑，成八卷本（六卷续二卷），附录自作。嘉靖十二年（1533年）唐胄得到朱权所编本，以此为底本，收集书画作品及郡志中的作品，汇编刊刻成《白玉蟾海琼摘稿》。馆藏该本在《中国古籍善本书目》集部中著录为珍稀本。

　　钤印："南陵徐乃昌校勘经籍记""积学斋徐乃昌""南陵徐乃昌审定善本""希斋所得善本""希斋藏书""得思斋藏"。

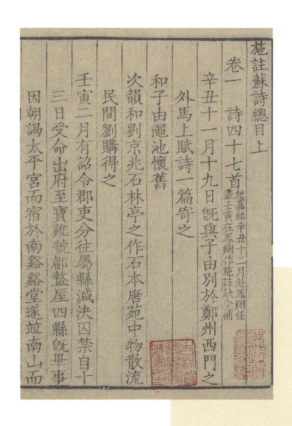

历史上这部书被简称为《施顾注苏轼》，南宋宁宗年间成书。该书的内容特点有二：一是第一个编年苏诗注本，而不是分类本。这样便于研究，更合理。二是注文资料丰富。特别是施宿所作的题注，"于地名详其沿革，于人物著其小传"。从版本流传上，有宋嘉定六年（1213 年）刻本。此本后来中华书局和中华再造善本都有影印。景定三年（1262 年）重刻本。曾经翁同龢玄孙收藏。台湾依此原大影印。

清康熙间，宋荦购得嘉定残本，立即加以翻刻。我馆所藏本即同此版。虽因残缺，复非宋刊原貌。馆藏该本经清代著名学者顾莼批点。顾莼（1765—1832 年），字希翰，一字吴羹，号南雅，晚号息庐，江苏吴县（今苏州）人，清朝官吏、学者。该本曾经民国收藏大家章钰收藏。钤印："长州章氏所藏"。

施注苏诗四十二卷总目二卷

（宋）苏轼撰 （宋）施元之 顾禧注 （清）邵长蘅 顾嗣立
宋至删补 苏诗续补遗二卷 （宋）苏轼撰 （清）冯景补注
王注正讹一卷 （清）邵长衡撰
（宋）王宗稷撰 清康熙三十八年（1699 年）东坡先生年谱一卷
宋荦刻本 顾莼批

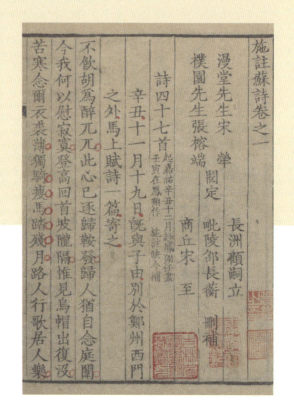

《国家珍贵古籍名录》编号：08864

（元）施耐庵撰　（清）金喟评论

清顺治十四年（1657年）刻本

施耐庵（1296—1370 年），元末明初著名作家，诗人。原名彦端，字肇瑞，号子安，别号耐庵。祖籍山东菏泽。舟人之子，生于泰州兴化白驹镇（今盐城大丰）自幼聪明好学，才气过人，事亲至孝，为人仗义。十三岁入私塾，十九岁中秀才，二十九岁中举，三十五岁中进士。后作官于钱塘，复归苏州、江阴，在祝塘镇教书。七十一岁迁兴化、旋迁白驹场、施家桥。朱元璋屡征不应，最后居淮安卒，终年 74 岁。

古人描绘人物，都是靠画家揣度书中人物性格想象绘出，因此称为"出像"。也有称"绣像""绘像"，此处"像"亦作"相"。题名冠有此类的，多为戏曲小说，说明本书内有插图。馆藏金圣叹《出像水浒传七十二回》点评本卷首刊"醉耕堂顺治丁酉刻本牌记"。书口上题："五才子书"。书中有宋江、林冲、呼延灼、扈三娘、徐宁等水浒人物图像四十幅，绘刻较精美，人物栩栩如生，保存完好。金喟（1608—1661 年），一名人瑞，号圣叹，清代文学评论家，江苏长洲人。

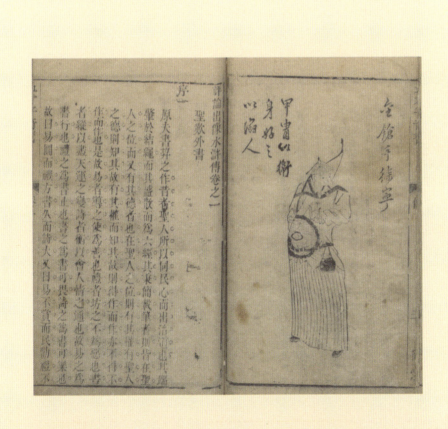

文苑英华钞十卷

（明）周诗雅辑 清顺治十六年（1659年）刻本

周诗雅，字廷吹，晚号退谷樵者，南直隶常州府武进（今属江苏常州）人。万历四十七年（1619年）进士，泰昌元年，任广平知县（今河北永年）；天启初，调任宝坻知县；因白莲教事，左迁上林簿。天启五年（1625年），兵科给事中吴国华疏劾工部尚书郎中曹钦程贪险罪状，辞连诗雅，以"作令大干物议""着革职"。崇祯初，擢户部员外郎，旋迁湖广参议，后移贵州提学，乞归，家居数年后去世。生平事迹《江南通志》卷一四二《人物志》、《广平县志》卷三、《（康熙）宝坻县志》等均有简短的介绍，以《武进阳湖合志》卷二四《人物传·宦绩传》最为详尽。

周诗雅才高学邃，家多藏书，亦善著述，所著有《重订剑侠传》五卷、《续剑侠传》五卷、《笔淡》二卷、《太平广记钞》十卷、《南北史钞》不分卷等二十多种。

本馆所藏此本《文苑英华钞》十卷，有《文苑英华抄》原序及清顺治十六年（1659年）重订《文苑英华抄》序。

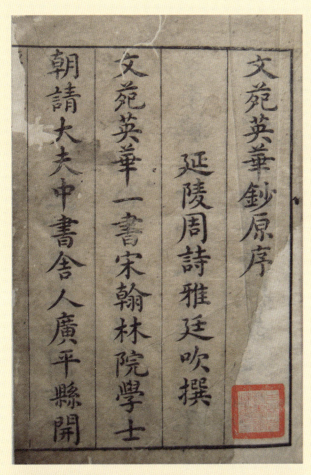

文苑英華鈔原序

延陵周詩雅廷吹撰

文苑英華一書宋翰林院學士

朝請大夫中書舍人廣平縣開

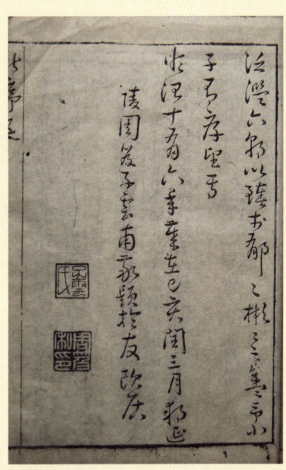

文苑英華鈔卷十終

以不食其食求仁得仁理非一端士固有志若芳通
以皇躬以濟其利則焉有貞節之　各親　事靈乎
雖非與道而保生可　為臣之不二

文苑英華鈔卷一

延陵周詩雅廷吹甫輯訂

賦

賦選

天賦　　劉允濟

彼蒼著者天成形物先初鴻濛以質特漸輕清而體圓生
五材以亭毒運六氣以陶甄故使晦明相繼寒暑遞遷
遠眺其原兮亦極近詳其理兮周玄之又玄諒
神功之宰測寔靈造之自然徒觀其潛化不言惟德是
輔列九野而為號峙八山而為道也或此之以

贰

内府藩府·精刻为贵

内府本是指明清两朝宫廷内部刊印的书本。内府刻书，往往不惜工本，多是书品宽大，纸墨上乘，特别是清朝学者重考据训诂学，精于校勘，有些精校本、写刻本甚至媲美宋刻。

明代采取分封同姓制度，皇子皇孙都封到各地为王。诸藩王府刻印的书籍，称为藩府本。其中尤以吉、秦、晋、赵等藩府刻印本为最精，其他如成化年间唐藩刻《文选》、正德年间楚藩刻《刘向新序》、嘉靖年间蜀藩刻《樊城集》、徽藩刻《词林摘艳》等，历来都为藏书家和学人所珍重。

元史二百十卷目录二卷

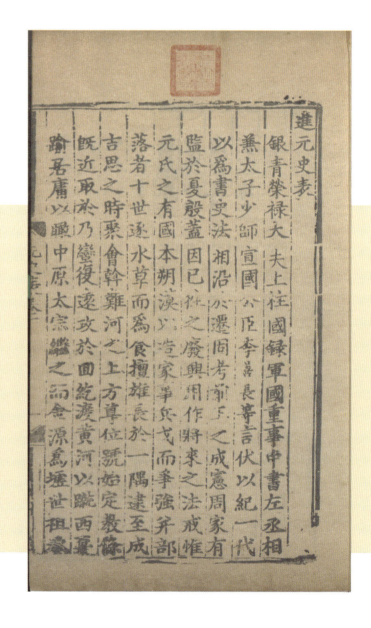

（明）宋濂等撰　明洪武三年（1370年）
内府刻嘉靖九至十年（1530—1531年）
南京国子监递修本

宋濂（1310—1381年），初名寿，字景濂，号潜溪，别号龙门子、玄真遁叟等。祖籍金华潜溪（今浙江义乌），后迁居金华浦江（今浙江浦江）。与高启、刘基并称为"明初诗文三大家"，又与章溢、刘基、叶琛并称为"浙东四先生"。被明太祖朱元璋誉为"开国文臣之首"，学者称其为太史公、宋龙门。洪武初，奉敕修《元史》，为总裁官。《元史》的史料来源一是实录，二是《经世大典》，三是文集碑传，四是采访。《元史》是系统记载元朝兴亡过程的一部纪传体断代史。《元史》的版本很多，最早的是洪武刻本。嘉靖初年，南京国子监编刊二十一史，其中《元史》用的是洪武旧版。万历二十四年（1596年）至三十四年（1606年），北京国子监重刻二十一史，《元史》也在其中，是为北监本。清朝乾隆四年（1739）武英殿又仿北监本重刻《元史》，后还有乾隆四十六年（1781年）本、道光四年（1824年）本等。

《国家珍贵古籍名录》编号：07583

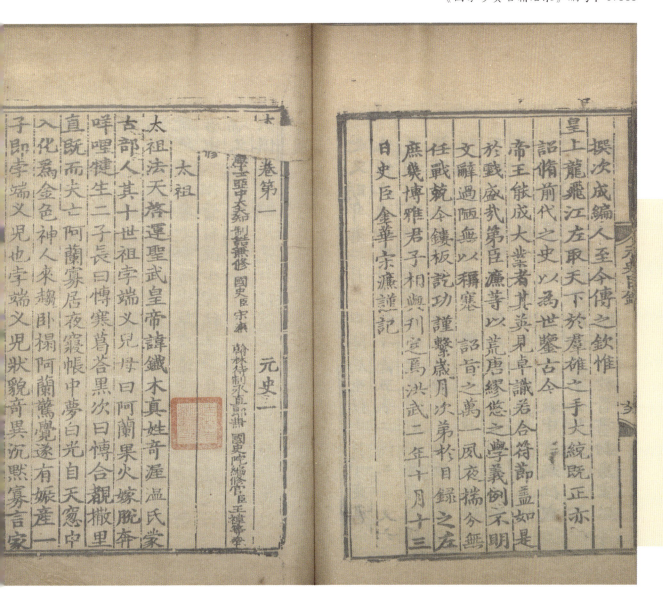

礼记集说大全三十卷

（明）胡广等辑 明永乐内府刻本

《礼记集说大全》以元代陈澔《礼记集说》为宗，堪称宋元人以义理注经的代表作之一。《礼记集说》是明清两代学校、书院、私塾的"御定"课本，科举考试必读之书。胡广（1370—1418年），字光大，江西吉水人。建文帝二年（1400年）状元。建文帝赐名胡靖，至永乐帝时恢复原名广。多次从军北征，做事缜密。官至文渊阁大学士。谥文穆。时明成祖每刻石，皆令广书之。曾奉命参修《五经四书大全》，明成祖御制序文，颁行天下，以为明二百余年取士之标准。后来《四书》讲章浩如烟海，均从此编而来。有《胡文穆集》。杨士奇曾评价胡广："能达诸事，功若竭诚，效力始终不渝。"

该版为明内府刻本，开本宽大，纸墨俱精，印制精美。钤印："成国公图书印""盐山刘千里藏书""皕印斋""壬癸"。

该书为司马光《资治通鉴》节要本，是最早的《资治通鉴》缩写本。宋代至明代，社会上盛行普及性史书，《少微通鉴节要》便是一种适合普通大众阅读的《资治通鉴》版本。其内容主要是对《资治通鉴》作一番精简，便于一般人了解所用。此书在从宋到明这一段时间内受到高度重视，明武宗曾亲自为《少微通鉴节要》作序，对《少微通鉴节要》简便易读的优点大加赞扬，称赞此书"详不至泛，略不至疏，一开卷间，首尾俱见，盖读史者之快捷方式也"。弘治二年（1489 年）及正德九年（1514 年），司礼监两次刊刻此书。皇帝为之作序和官方刻本的刊行，表明了《少微通鉴节要》在明代的特殊地位。《四库提要》评为"首尾赅贯，究不及原书"。

江贽，字叔直，崇安人。宋政和中，太史奏少微星见，朝命举遗逸之士。有司以贽应诏。

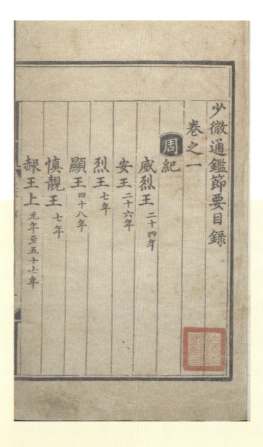

少微通鉴节要五十卷外纪四卷

（宋）江贽撰 明正德九年（1514 年）

司礼监刻本

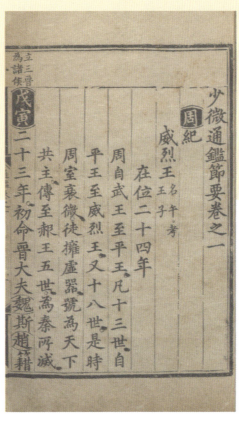

《国家珍贵古籍名录》编号：03600

资治通鉴纲目五十九卷

御製資治通鑑綱目序

朕惟朱子通鑑綱目實備春秋經
傳之體。明天理正人倫。襃善貶惡
詞嚴而義精。其有功於天下後世
大矣。顧傳刻歲久間有缺訛甚至
書法與所著凡例提要或有不同
後人疑焉。有考異考證之作。

資治通鑑綱目凡例目錄

統系	正統 列國
	僭國 無統
歲年	
名號	墓戚 建國
	偕號 不成者
即位	加號 起兵
	建都 傳位 小國
改元	後唐石晉之間溫
	公薨例尤為顯錯
尊立	廟 追尊
崩葬	陵廟 改葬

傳也因命繕錄定本。附以凡例弁刻
諸梓以傳爰序首簡。俾讀者知所
自云。

成化九年二月十六日

（宋）朱熹撰　明成化九年（1473年）
内府刻本

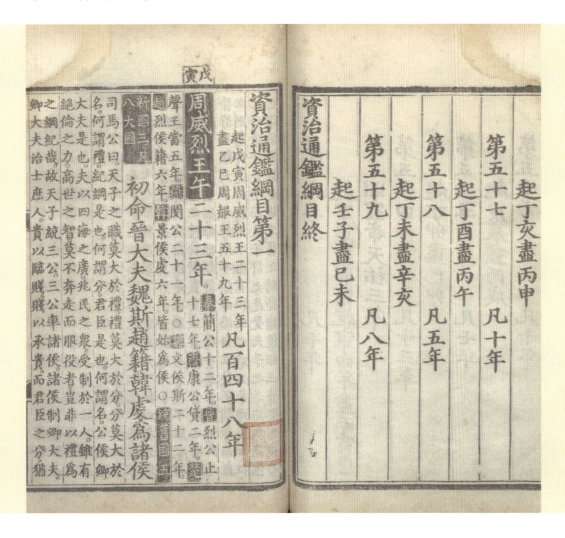

　　《资治通鉴纲目》记事自周威烈王二十三年（前403年）迄后周世宗显德六年(959年)，主要根据司马光的《资治通鉴》《通鉴目录》《通鉴举要历》和胡安国《资治通鉴举要补遗》增损而成。《资治通鉴》太庞大，书中总结出来的经验教训不容易被读者所领会。南宋时，朱熹从维护封建统治的利益出发，编写《资治通鉴纲目》。书中用提纲挈领的话表明对某一事件或人物的看法，称为纲；模仿《春秋》，再用简略的叙事说明事件或人物，称为目。《资治通鉴纲目》并无多少史料价值，但它创造了一种新的史书体裁，即纲目体。受其影响，后世出现了一批纲目体史书，如明商辂《通鉴纲目续编》、南轩《通鉴纲目前编》、清乾隆帝敕撰《通鉴纲目三编》等。

　　《资治通鉴纲目》有较多的版本，最早的刻本已无从查寻，存世的主要有宋乾道本、元翻宋本，国内几家图书馆藏有宋版残卷，此次展出我馆所存的宋版卷十八。明清版本传世较多。这部明成化内府刻本，开本广大，版式舒展，行格疏朗，墨色极佳，棉纸洁白，书品考究，印刷质量精良，显现了明中期刻印的特点，是一部精雕细刻的古籍佳品。

联新事备诗学大成三十卷

（元）林桢辑　明初内府刻本

　　该书是元代林桢增补宋朝毛直方《诗学大成》而成的一部诗学类书。目的是为初学者和文学侍从之臣提供方便。首序称："人尝言不读万卷书看不得杜诗。然则作诗当何如哉！诗不易作，书亦不易读，于是类书出而为学诗者之资。而所谓类书，或又病其未极于精博。此诗学大成之所以有是编也。"其宋代以前名公佳句及群书典籍至今已成考证古代史事、制度、艺术、草本等源流演变及古籍校勘、辑佚学的有价值的史料。

　　最早成书于元皇庆元年（1312 年），有皇庆间余氏双桂堂刻本。至正二年（1342 年），经刘氏日新堂重刊，不题编者名氏，但卷前有皇庆第一中秋建安毛直方序。至正九年（1349 年）翠岩刘君佐之子刘衡甫又重刊此书，为林桢增补本。此后建阳书坊屡有重刊。

　　该版为明初内府刻本，品式大方，纸墨俱精。

駁成以潔鹵莽成以縝麗端自
讀萬卷來則謂之大成寔宜怱
有好詩生眼底安排句法巳難
尋此又有得於筌蹄之外者其
歸而求之皇慶第一中秋建安
毛直方引

詩學大成綱目

天文	地理	時令
節序	宮室	百花
百菓	草木	五穀
蔬菜	君道	臣道
親屬	百官	儒學
僧道	人品	仕進

人當言不讀萬卷書看不得杜
詩然則作詩當何如我詩不易
作書亦不易讀於是類書出而
為學詩者之資而所謂類書或
又病其未極於精博此詩學大
成之所以有是偏已絡成以儋

御纂周易折中二十二卷首一卷

（清）李光地等纂

清康熙五十四年（1715年）内府刻本

李光地（1642—1718年），字晋卿，号厚庵，别号榕村，福建安溪（今福建泉州）人，清朝康熙年间大臣、理学名臣。康熙九年（1670年）进士，历任翰林编修、吏部尚书、文渊阁大学士等职。累官至文渊阁大学士兼吏部尚书。他为官期间，曾协助平定"三藩之乱""统一台湾"等，政绩显著，康熙帝曾三次授予御匾，表彰其功。李光地一生沉浮宦海，多遇凶险，但凭其稳重机智，善以《易》义指导人生，故皆能逢凶化吉。《御纂周易折中》为李光地奉敕采摭群言，集诸家训解而成。历经两年成书于康熙五十四年（1715年），是康熙帝晚年敕令以李光地为首的群臣们编纂的《御纂七经》中的第一部，被认为是清代官方易学著作的集大成者，在清代易学史上也有着举足轻重的地位。

乐善堂全集四十卷目录四卷

（清）高宗弘历撰

清乾隆二年（1737年）内府刻本

该集为乾隆帝尚在藩邸时期的诗文作品集。"乐善堂"是乾隆做皇子时的书房名，乾隆日常读书写作之处，内有雍正皇帝御笔手书的"乐善堂"牌匾悬挂正中。该集付梓时间为乾隆即位之初，武英殿刻本。最早的版本即馆藏该版。乾隆在"乐善堂全集序"中详解了"乐善堂"的意义："乐善堂者，盖取大舜乐取于人以为善之意也。夫孝弟仁义乃所谓善也，人能孝以养亲，弟以敬长，仁以恤下，义以事上，乐而行之，时时无忌，则能因物付物，以事处事而完所性之本体矣"。该书也集中反映了乾隆帝即位之初的统治思想。之后在乾隆二十三年（1756年），乾隆帝又对此集亲加裁定，汰除近半。此集的编辑和删裁反映了乾隆帝统治初年的一些政治理想、儒家理念之变化。

《国家珍贵古籍名录》编号：09313

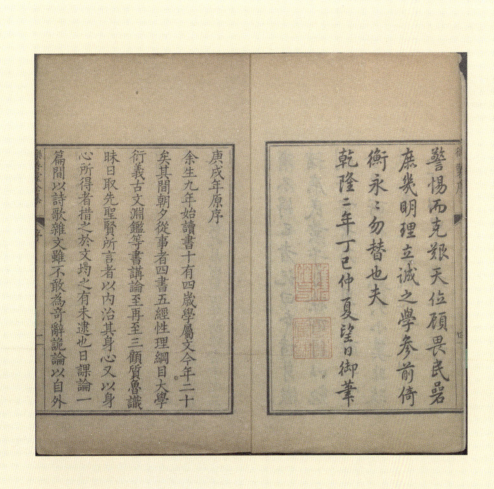

千叟宴诗三十四卷首三卷

（清）允祁等述

清乾隆五十年（1785年）内府刻本

清康熙朝起为庆祝太平世道、民生富庶，邀请天下老人来京赴宴为自己贺寿，场面宏大，因此称"千叟宴"，所作诗歌集为此集。史料载，有清一代康乾共举行千叟宴四次。第三次是乾隆五十年（1785年），时四库编纂完成，登极五十年。正月初六，宗室王贝勒以下，除现任、致仕文武官员、绅士、兵丁、耆农工商等，特邀外藩王公、朝鲜等属国及西洋人3900余宴于乾清宫。乾隆亲制《圣制千叟宴恭依皇祖原韵乙巳》："君酢臣酬九重会，天恩国庆万春延。祖孙两举千叟宴，史策饶他莫比肩。"

乾隆四十九年十月初九日奉

上諭緊古帝王御世建極凝麻上有數

下享康寧之福洎乎近代史冊尟稱我

皇祖沖齡踐阼統馭寰區仁漸義摩涵濡休養康

熙年間會舉行千叟宴與中外臣民躋壽宇

而迓繁禧誠爲千載一時之嘉會朕誕膺丕

緒敬紹鴻圖仰承

昊蒼眷顧福佑朕躬年逾古稀尚能康强勤政惟

是斂時錫福期舉世咸登仁壽著於乾隆五

大义觉迷录四卷

·

（清）世宗胤禛等撰 清雍正内府刻本

上諭自古帝王之有天下莫不由懷保萬民恩

加四海鷹

上天之眷命協億兆之懽心用能統一寰區亜麻

奕世蓋生民之道惟有德者可爲天下君此

天下一家萬物一體自古迄今萬世不易之

常經非尋常之類聚羣分鄉曲疆域之私衷

淺見所可妄爲同異者也書曰皇天無親惟

德是輔蓋德足以君天下則天錫佑之以爲

该书是清朝最为神秘的一部奇书，是泄露宫廷内幕隐秘最多的一部御制书。雍正皇帝亲自编纂，雍正七年（1729年）刊印，诏令家喻户晓，后又被他的儿子乾隆宣布要一律销毁的一部禁书。内容都经过精心挑选，收有雍正皇帝本人的十道上谕、审讯词和曾静口供，后附曾静《归仁说》一篇。《大义觉迷录》是雍正年间在处理曾静、张熙这桩重要文字狱中产生的，是雍正皇帝公开为自己继承皇位和清朝统治的合法性而进行辩解的书，其核心内容提出并解决了两个雍正非常关心的重要问题，一是雍正对吕留良夷夏大防言论作了全面批驳；二是雍正对曾静指责他弑父逼母夺嫡自立之事，逐条进行反驳，主张清朝的正统性和"华夷一家"，以期消弭汉人的夷夏之防，缓和民族矛盾。该书是研究雍正朝重大文字狱案曾静反清的宝贵的第一手材料。馆藏《大义觉迷录》据版刻风格定为清雍正年间内府刻本。

重修政和经史证类备用本草三十卷 ·

（宋）唐慎微撰　（宋）寇宗奭衍义　明嘉靖十六年（1537年）楚府崇本书院刻本（有抄配）

重刊本草序

旧本草三卷药分上中下三品实不列之书六十五种盖炎黄时所著实不列之书也梁陶弘景增药为七百三十种书为七卷唐苏恭又增药为八百四十四种书为二十卷世谓之唐本草宋开宝中诏取医家尝用得效药凡一百三十三种附益之命李昉危蒙等重加刊正乃有详定重定之目蜀孟昶亦尝命其臣

《国家珍贵古籍名录》编号：08379

宋代唐慎微搜集药物资料撰成《经史证类备急本草》，蒙古定宗四年（1249年），山西平阳张存惠将寇宗奭《本草衍义》分条散入书中，成为千古流传不朽的本草学重要文献。政和六年（1116年）书成，然遭靖康之变，金人将此书版掳去，在北方流行，不为南宋医家所知。现政和六年（1116年）初刊本已不存。所存最早版本为蒙古定宗四年（1249年）平阳张存惠晦明轩刻本。此晦明轩本《政和本草》盛行于明代，时有翻刻重雕。本馆所藏此本即为明代楚王府崇本书院刻本，行格舒朗，开本宽阔，书后卷末有"嘉靖丁酉孟春月吉 楚府崇本书院重刊"牌记。

《栾城集》为苏辙诗文合集。传世版本较多，宋、元、明、清各代均有刊印者，并以有无《应诏集》和章疏是否删削为标志来区分。有《应诏集》并多章疏三十七篇的宋刻《苏文定公文集》，分《前集》五十卷，《后集》二十四卷，《三集》十卷，《应诏集》十二卷，共九十六卷，现存四十六卷。无《应诏集》和章疏的宋刻递修本《栾城集》今仅存三十一卷。我馆所藏《栾城集》为明嘉靖二十年蜀藩朱让栩刻九十六卷本。传世不多，较为精审，递传有序，书品良好，钤印颇多，已属稀见，其版本价值极为重要。苏辙所有的诗赋文章及论学、论事之作基本都包括在内了。是集应为苏辙研究最为主要的资料，对了解和研究北宋文坛及文学运动非常重要，文献价值显而易见。

我馆所展这部书为明代朱让栩刻，清代徐时栋题识，近现代刘驹贤收藏。钤印："慈水诚意堂李氏家藏""望江楼书""予惟时其迁居西尔""柳泉书画""刘千里所藏金石书画""徐时栋柳泉氏甲子以来所得书画藏在城西草堂及水北阁中"。

（宋）苏辙撰 明嘉靖二十年（1541年）蜀藩朱让栩刻本

栾城集五十卷后集二十四卷
三集十卷应诏集十二卷

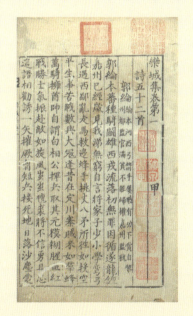

《国家珍贵古籍名录》编号：08875

贞观政要十卷

（唐）吴兢撰 （元）戈直集论

明成化十二年（1476年）崇府刻本

《贞观政要》是唐代史学家吴兢撰写的一部政论史书，记录了唐代贞观年间唐太宗李世民与大臣魏征、王珪、房玄龄、杜如晦等人关于施政问题的对话以及一些大臣的谏议和劝谏奏疏，是历史上对贞观之治记载最为周详扼要的著作。

吴兢（670—749年），汴州浚仪（今河南开封）人，唐代杰出史学家。其家收藏图书甚富。此书成书时间，由开元初至开元末，正是唐玄宗由励精图治渐趋安逸奢侈之时。因而其《慎终》篇又格外具有现实意义。

吴兢虽然对唐太宗推崇备至，但本着"直笔"原则，也如实记录了一些唐太宗的过失和缺点。他撰录此书，其目的在惩劝，书中史实难免有所失误，加之宋代以后辗转传抄，书中讹误较多。

元代学者戈直，字子敬，后改字伯敬，江西临川（今江西抚州市）人，元代著名的史学评论家。参考诸书，相互校订，撰成《贞观政要集论》，世称"戈本"，刊于至顺四年（1333年），通行海内外。

国家图书馆藏明洪武三年（1370年）金陵王氏勤有堂刻本，为国内现存最早刻本。馆藏《贞观政要》为明成化十二年（1476年）崇府刻本，品相尚好，略有污渍。钤印："曾经沧海""徐氏士銮读过""崇府图书"。

悅於二帝三王之事矣夫然後已古餚言作聖古
使能恭儉而飾用寬厚而愛民亦三代而下絕無
而僅有者也後之人君擇其善者而從之其不善
者而改之豈不交有所益乎是書傳寫謬誤
竊嘗會萃眾本參互考訂而其義之難明音之難
通字為之釋句為之述章之不當分者分之不當
合者合之自唐以來諸儒之論莫不采而輯之間
亦斷以已意附於其後然此書之旨頗為明白
雖於先儒窮理之學不敢妄議然於
國家致治之方未必無小補云後學臨川戈直謹書

貞觀政要序
唐衛尉少卿兼脩國史脩文舘學士吳兢撰
有唐良相曰侍中安陽公中書令河東公以時逢聖
明位居宰輔寅亮帝道弼諧王政恐一物之乘所應
四維之不張每克已勵精緬懷故實未嘗有乏太宗
時政之美書也今謹叙其事云

貞觀政要
戈直集論
　　　　　　　　　　　戈直集論

《国家珍贵古籍名录》编号：03842

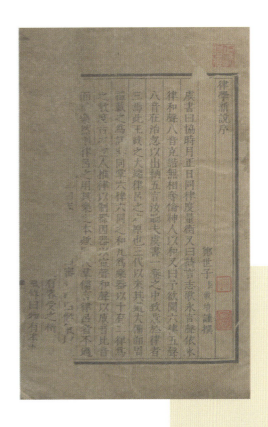

朱载堉，字伯勤，号句曲山人，朱元璋的九世孙。是明代一位百科全书式学者，在多方面都有惊人造诣。他对数学刻苦钻研，首创了珠算的开方之法，还创造了以珠算进行律度方面的十进制与九进制的小数换算的方法。他这两种方法的创造，对他再度深入思考创立十二平均律，有着决定性的作用。他在《律吕精义》中首创十二平均律。中外学者尊崇他为"东方文艺复兴式的圣人"。

明万历二十三年（1595年），朝廷要求天下进献书籍给国史馆，当地的怀庆府官员找到了朱载堉，因为他们听说朱载堉一直在写书。朱载堉所写的这些研究成果在明万历十二年（1584年）前就已经写完，但只是以稿本形式存在自己手里，他听到了朝廷的征书令，如果把自己的原稿进献出去当然有些舍不得，于是他就跟怀庆府的官员说，自己把这部手稿刊刻出来，然后把印本贡献给朝廷。而这一部书他一刻又是十一年，到了万历三十四年（1606年），这部书才刊刻出来。他将自己的相关著作总计十四种合刻在一起，命名为《乐律全书》，该书成为后世极有名的藩王刻本。

乐律全书四十八卷

（明）朱载堉撰 明万历郑藩刻本

（明）朱权撰　明朱宸洪刻蓝印本

朱权（1378—1448 年），明代戏曲理论家、剧作家、古琴家，明太祖第十七子，世称宁献王，号臞仙、涵虚子、丹丘先生。于道家、戏曲、茶道有研究，著作有数十种。

永乐初，朱棣复藩，就是将周、齐、代、岷诸亲王旧封恢复；待皇位巩固后，继续削藩。周、齐、代、岷诸王再次遭到削夺。迁宁王于南昌。比起废为庶人的谷王、齐王，尚佳。朱权十三岁封为宁王，十五岁就藩。大宁当时号称"带甲八万，革车六千"。可知他的托志仙道，是言不由衷的，不过是皇权争夺中标举神仙道化以表明无意于争夺皇位。《明史》卷一百十七有朱权本传。"大宁在喜峰口外，古会州地，东连辽左，西接宣府，为巨镇。"是明初拥有重兵的几个北方藩王之一。

末有朱宸洪："玄孙宸洪顿首刊"。《中国古籍善本书目》子部道家类著录为孤本。有佚名圈点。钤印："完邑徐氏收藏书画之章""天津张氏珍藏之印"。

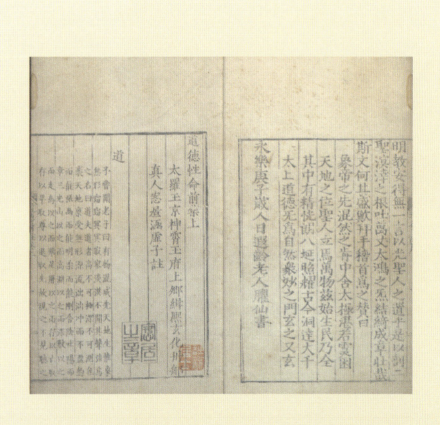

叁

碑拓钤印·以广流传

　　碑，石刻；拓，传拓。钤印，印章符号。碑拓钤印是摹拓金石、碑刻以成拓本、印谱之类的书籍，即镂之金石，传之永久，是保存金石、碑刻资料、汇录历代印章作品的一种重要方法。著名石刻如发现于唐初的"石刻之祖"秦朝石鼓文、汉代熹平石经等。

　　印谱是专门汇录历代印章作品供人鉴藏、研究、遣兴的书籍，自是以原印钤盖的最为珍贵，如明朝隆庆顾从德《集古印谱》。

臧怀恪碑

（唐）颜真卿书 唐广德元年（763年）刻明拓本经折装

唐太宗李世民开创行书入碑的先例。上行下效，有唐一代书法特别盛行。中唐时期碑刻书法的发展情况与初唐大不相同，大书法家颜真卿开创了一代书风，是唐中期书法家的杰出代表。颜真卿（709—784年），字清臣，京兆万年（今陕西西安）人，祖籍琅琊（今山东临沂）。秘书监颜师古五世孙、司徒颜杲卿从弟，唐代中期杰出的政治家、书法家。开元二十二年（734年），颜真卿登进士第，历任监察御史、殿中侍御史。安史之乱时，颜真卿率义军对抗叛军。后至凤翔，被授为宪部尚书。他秉性正直，笃实纯厚，不阿于权贵，不屈意媚上，刚正有气节，以义烈闻名于时。

《臧怀恪碑》是其代表作品之一，是研究颜体书法的重要资料。

臧怀恪(668—724年)，字贞节，唐莒州北乡（今山东安丘）人，开元年间以智勇名闻于时，逝后追赠太常卿工部尚书。

《臧怀恪碑》现藏西安碑林，无立石年月。明时拓本就已少见。

公諱懷悆字貞

節東莞人其先

出于曾孝公之

子彊字子臧大

夫不導祖者僕

纪太山铭

（唐）玄宗李隆基书

唐开元十四年（726年）刻明拓本

　　《纪太山铭》是唐玄宗李隆基泰山封禅之后所刻的铭文。封禅是中国古代帝王祭祀天地神祇以求长治久安的一种盛大的带有浓厚宗教色彩的敬拜活动。泰山是古人心中"万物之始、交代之处"，因而成为四海之内唯一举行封禅大典的山岳。唐玄宗李隆基励精图治，开创了著名的"开元盛世"。开元十三年（725年），唐玄宗抵达泰山，举行隆重的封禅大典，作《纪太山铭》，翌年九月刻于泰山岱顶大观峰崖壁上，是存留至今最完整、最壮观的帝王封禅类石刻。

　　铭文为李隆基亲撰，燕许修其辞，韩史润其笔，记录了唐玄宗封禅的缘由、过程以及唐玄宗的执政理念等。通高 13.3 米，宽 5.3 米，铭文二十四行（满行五十一字），共九百九十六字，连同额铭整一千字。正文字大 16×25 厘米；额高 1.3 米，"纪太山铭"为两行四字，字大 45×56 厘米。除"御制御书"及末行年月为正书外，均为隶书。明王世贞曾赞隶书之飘逸："余尝登泰山，转天门，见东二里许，穹崖造天，铭书若鸾凤翔舞于云烟之表，为之色飞。"

　　馆藏此本为明拓本，据明赵崡《石墨镌华》所载"玄宗御制并书，……刻在泰山高崖，字大六七寸，石旁三丈，极不易搨。王户部尧年为彼中司理，见一纸，如获明珠"，可见此明拓本的珍贵。

停云馆法帖十二卷

（明）文徵明辑　明拓本　经折装

　　《停云馆法帖》是明代汇刻丛帖的代表。此帖为文徵明选集，其子文彭、文嘉摹勒。嘉靖十六年 (1537 年) 刻第一卷，至嘉靖三十九年 (1560 年) 完成。文氏父子皆工书画，精鉴赏，富收藏。《停云馆帖》选择精严，伪书独少，多以墨迹上石，较当时其他丛帖为优，刻者为铁笔名手章简甫。《停云馆法帖》取材广泛，镌刻精致，精传古意与神韵，熔实用性与鉴赏性、学术性与艺术性为一炉，在浩瀚的明代碑刻中脱颖而出，自明清以来一直备受书法界、学术界、收藏界的关注和推崇，是继《淳化阁帖》之后，与《三希堂法帖》各领一代风骚的明刻著名大型汇刻丛帖，被誉为"明刻帖之冠"。

　　明代书法的显著特点是帖学盛行，私帖繁荣发达。明代的私帖，多是精选历代真迹，由书家亲自勾摹，镌刻精致，能精传古人笔意，直取神情，具有生气，极富艺术性。

董其昌（1555—1636 年），字玄宰，号思白、香光居士，华亭（今上海松江）人，明代著名书画家。万历十七年（1589 年）进士，授翰林院编修，官至南京礼部尚书，卒后谥文敏。

《戏鸿堂帖》又名《戏鸿堂法帖》，为明代著名刻帖，全帖十六卷，是由董其昌选辑晋、唐、宋、元名家书迹及旧刻本镌成。该帖勒成于明万历三十一年（1604 年），初为木刻，后毁于火，改为石刻，现存于安徽省博物馆。

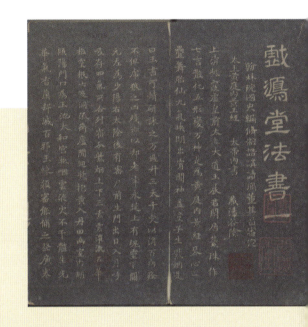

该帖备受推崇亦被讥讽摹刻不精，因所辑录古帖真赝并存，且用意巧拙，雕刻不精。但由于董其昌收藏颇富，该帖在收录的部分作品取材上有优胜处，使今日无传的帖文能够得以相见，这对于古帖研究有极其重要的帮助。

馆藏此帖题签上写："戏鸿堂帖初刻、小来禽馆珍藏"，第一函有张伯英题识。张伯英（1871—1949 年），字勺圃，晚号东涯老人，室名远山楼，小来禽馆。书法家、金石鉴赏家。

戏鸿堂帖十六卷

（明）董其昌辑

明万历三十一年（1603 年）拓本 经折装

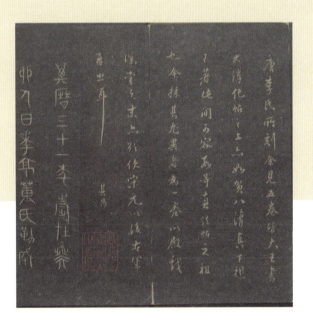

魏皇甫驎墓志铭

北魏延昌四年（515 年）刻清初拓本 经折装

皇甫驎（440—515 年），字真驹，安定朝那（今甘肃镇原东南）人，北魏郡太守，荆州刺史之孙，勇武有谋。《魏皇甫驎墓志铭》全称《魏故泾雍二州别驾安西平西二府长史新平安定清水武始四郡太守皇甫君墓志铭》。北魏延昌四年（515 年）四月刻。清咸丰年间于陕西户县出土。石高 116 厘米，宽 70 厘米，魏楷书，共 23 行，每行 40 字。初为端方所藏，后归天津金氏。收入《六朝墓志精华》。

康有为《广艺舟双楫》评此志说："奇古则有若《刘玉》《皇甫驎》。"又说："安雅之《王僧》，岂若《皇甫驎》《高湛》。"还曾形容说："《皇甫驎》如小苑峰峦，雪中露骨。"

馆藏该本为剪裱本，有民国张伯英题签并跋："庚午秋张伯英"。

魏故涇雍二州別駕
安西平西二府長史
新平安定靖水武始
四郡太守皇甫君墓

魏志先後出土近二百通余省有其墨本書点無
體不備恐一二冀其優為為魏志書平回循未就
也雖志書不求工而自得天趣列泰与他種之異運
刀輕重無一字準則志字體港纖相闢奇古之氣
珠後人所能到此初出最精港之拓大好
庚午秋
張伯英

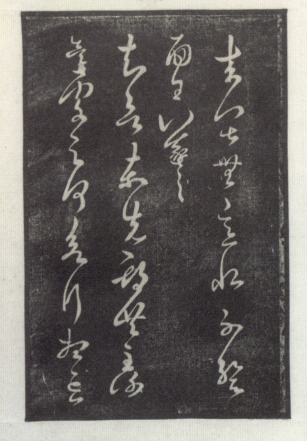
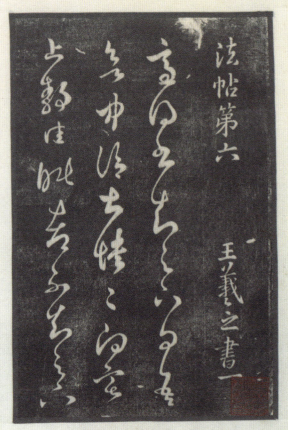

淳化阁法帖

（宋）王著编摹 清乾隆拓本 经折装

在中国书法传承历史上，《淳化阁帖》有着特殊而重要的地位，它是中国最早的一部汇集各家书法墨迹的汇帖，全名《淳化秘阁法帖》，是中国法书丛帖之祖，法帖之冠。

宋淳化三年（992年），太宗令出内府所藏历代墨迹，命翰林侍书王著编次摹勒上石，名曰《淳化阁帖》。共十卷，第一卷为历代帝王书，二、三、四卷为历代名臣书，第五卷是诸家古法帖，六、七、八卷为王羲之书，九、十卷为王献之书。《淳化阁帖》收录了中国先秦至隋唐一千多年的书法墨迹，包括帝王、臣子和著名书法家等103人的420篇作品。由于王著识鉴不精，至使法帖真伪杂糅，然摹勒逼真，先人书法赖以流传。

然传世拓本极少，因此，祖刻的《淳化阁帖》拓本变得尤为珍贵，传世的《淳化阁帖》著名宋拓本有：潘祖纯藏本（现藏上海博物馆）、懋勤殿本（现藏故宫博物院）、安思远藏本（现藏于上海博物馆）、潘允谅藏本（现藏上海图书馆等）。

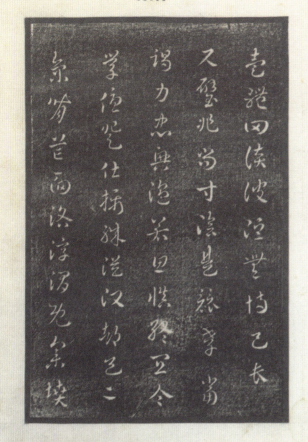
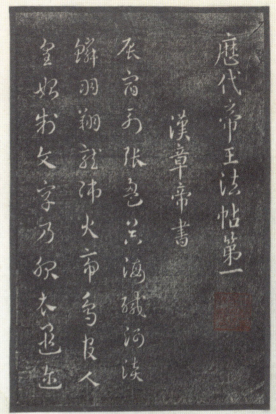

明代以来，主要流传的几个影响较大的本子有：

1. 南宋及明、清翻刻的泉州本。2. 明嘉靖、万历时期以南宋贾似道、周密等原藏本翻刻的袁尚之、顾从义、潘允亮各本，尤以顾氏玉泓馆本和潘氏五石山房本影响大。3. 明万历四十三年（1165 年）刻石的肃府本。4. 清乾隆三十四年（1769 年）内府重摹本（翻刻毕士安本）。乾隆本在次序上有更改，其余各本皆依《淳化阁帖》原样翻刻。吉林省图书馆所藏为清乾隆三十四年内府重摹本。

《淳化阁帖》的刊刻第一次大规模地将国宝般的古代真迹普及、输入到民间，对宋代书法开创新气象、增添新活力，促进中国书法艺术的发展起到了极大的推动作用。

同时，《淳化阁帖》还为后人保存了大量已经绝迹的历代名家法书。王羲之真迹在唐太宗时尚存千纸，到宋太宗刊刻《淳化阁帖》时仅有一百五十六件（其中还含有大量摹仿本），今日王羲之真迹已荡然无存，即便是那些"下真迹一等"的摹本、临仿本也稀若星凤。

何通，字不达，亦作不韦。江苏太仓人。明万历人。是书成于万历末年，取历代名人九百余人各为镌刻一印，小传略附其下。他原为万历首辅王锡爵家世仆，性喜篆刻，宗苏宣，致力于汉印，能得其神韵。尝取史传人物，各刻其私印，系以小传，成《印史》五卷。苏宣、朱简、陈万言、王亮、陈元素等均为之写序。苏宣序："不违曰，小篆起丞相斯，吾其取秦一开山说法，取元以打诨出场，中取汉魏、六朝、唐宋胜国以寻花问柳，凡蠹粉中磊落怪伟之人，郁郁芊芊，齐撮于五指端矣。"

谷园印谱六卷

（清）许容篆刻 （清）胡介祉辑
清康熙二十五年（1686年）钤印本

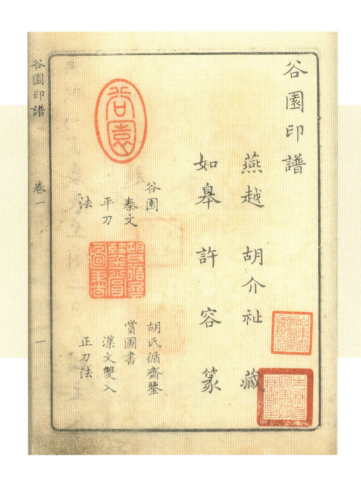

　　许容（约1635—1696年），字实夫，号默公，江苏如皋人，清代如皋印派的开创人，清初篆刻六大家之一。在古文字学、书法理论诸方面均有很大成就。曾作《印略》《印鉴》《说篆》《篆海》《韫光楼印谱》等。许容善交际，曾为官福州府检校。后绝迹官场，只以诗文书画交友谋生。寓于京师时，与著名收藏家胡介祉结为密友，并为胡介祉治印数百方。

　　胡介祉（1659—1722年），字茨村，号循斋，浙江江阴（今绍兴）人，顺天府大兴籍。生平无考，约清康熙中人。工诗文，善曲谱，有著述：《谷园诗集》《谷园诗集》《谷园文抄》等。胡氏家富藏书，同时也校书、刻书，有贞曜堂刻书。康熙十九年（1680年），"许子实夫为余刻石章百方，古文大小篆诸体罔不具备。"胡氏将所辑印章精选数百方，拓印成册，即《谷园印谱》。该谱每页收印二至六方不等，内容有古句，有自吟。每方印下均有介绍所用刀法、纽制和释文。首页"谷园"系许氏之代表作，颇具古刻之趣。据《中国古籍善本书目》著录，我馆藏此本存世量较少，仅上海图书馆、北京东城区图书馆和本馆有藏。钤印："孟学山藏书印"。

珍珠船印谱不分卷

（清）金一嶹藏并编

清乾隆四年（1739年）钤印本

金一嶹，字柚田，号月波主人、月波楼主人。有《广印人传补遗》。该本钤拓清晰，印面工整。编者自序称"积十余年，自汉迄今印得二千有奇"。末有当代版本学家黄裳题识："此珍珠船印谱四册乾隆中钤印本，流传甚罕"。

秋室印粹四卷

（清）汪启淑辑

清乾隆二十一年（1756年）钤印本

　　汪启淑（1728—1800年），字慎仪，一字秀峰，号䊹庵，歙县绵潭人。其父业盐。家富资财。乾隆时以捐资入仕，擅诗文，与杭世骏、厉鹗、程晋芳、翁方纲等文人唱和。收藏也非常丰富，尤其嗜好印章，自称印癖先生。广泛结交印坛名人，如林皋、丁敬、黄易、黄吕、张燕昌、吴兆杰、董洵、王毂、汪肇龙、桂馥、程瑶田、汪士慎、潘西凤等百余人，邀约篆刻印作，先后收集当时知名的篆刻家作品三千余方。因而编辑厘订，钤印成《飞鸿堂印谱》五集四十卷行世，风行一时，成为乾隆时期印坛名手作品的集中汇展。又编著有《续印人传》《时贤印谱》《袖珍印赏》《锦囊印林》《退斋印类》《䊹庵诗存》《水曹清暇录》《小粉场杂记》等。

　　馆藏《秋室印粹》四卷，为集印印谱，成书于乾隆二十一年（1756年）。系同时代诸篆刻名家丁敬、沈凤、周芬等为汪启淑所刻常用之印，共收印二百四十六方，有程瑶田等序跋。

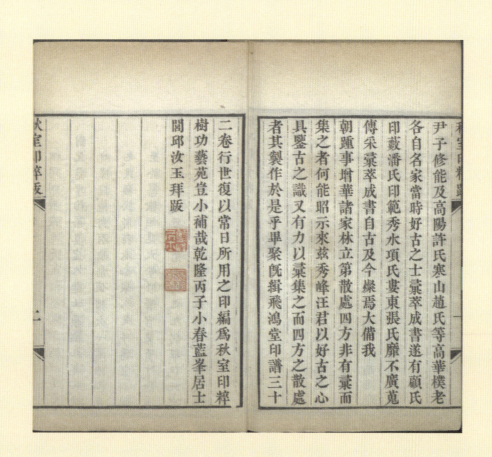

松园印谱二卷

（清）贾永摹 清乾隆四十八年（1783年）钤印本

　　《松园印谱》是清代贾永摹刻古印之作。贾永，字寿山，山西北柴人，乾隆时代篆刻家。此印谱首有贾永自序并马凌云、张恒成题识，柴常馨书跋。内收鸟迹、蝌蚪、金文无所不包，印文内容为民间流传的文赋等短文，包括《朱子治家格言》《百美诗》《天保九如》《程夫子四箴》《赏心十六事》《陋室铭》《读书十八则》《摘句集锦》等十种主题，取文赋隽语入印，册后附贾永自用印两方，每印附释文、刀法、字法源出，版心下镌"福寿堂"。

　　此馆藏本《松园印谱》朱墨套印，刀法遒劲，写刻俱佳。下书口刻有"福寿堂"。钤印："贾永之印""福弋（一）斋作"。

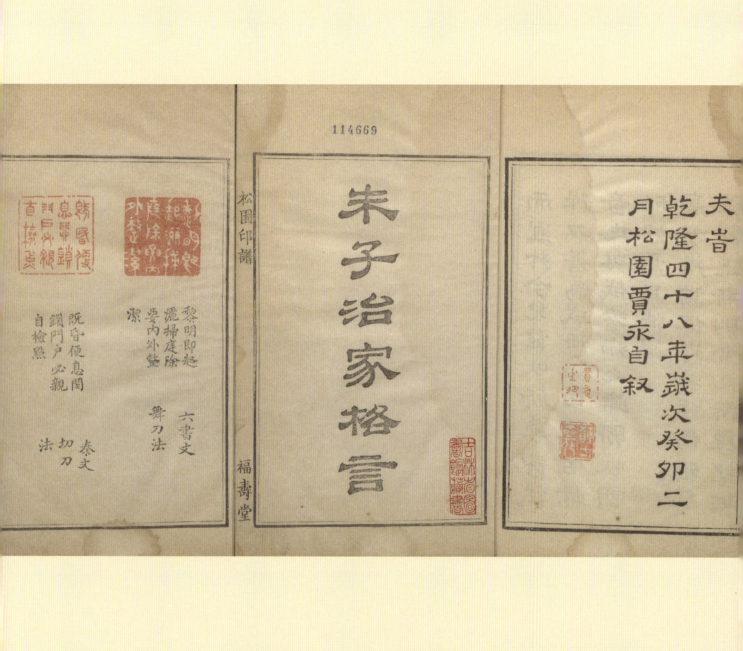

松園邱譜

朱子治家格言

福壽堂

黎明即起
灑掃庭除
要內外整
潔

六書文

舞刀法

既昏便息關
鎖門戶必親
自檢點

法

泰文

切刀

夫嘗
乾隆四十八年歲次癸卯二
月松園賈永自叙

补罗迦室印谱不分卷

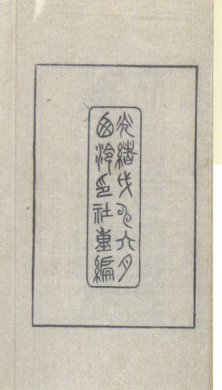

趙之琛字次閑號獻父錢塘布衣淺山先生
之孫素門先生之子也素門好爲金石之學
搜藏宏富故次閑篆隸刻石悉臻神妙蓋其
所學淵源有自洵非俗俗所可希冀其後學
於陳秋室先生篆鍾之門阮文達公元積
古齋鐘鼎款識摹寫彝器文字皆次閑手筆
也其刻印兼採黃小松易奚鐵生 陳曼生
鴻壽諸家而章法之純整刀法之挺捷則又
過之故論者韻嘉道以來學浙派者以次閑

（清）赵之琛篆刻
清末西泠印社钤印本 蓝印本

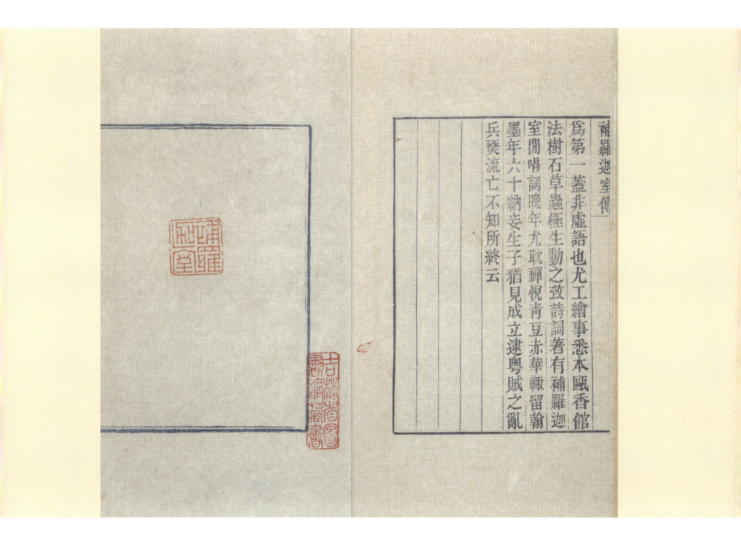

為第一蓋非虛語也尤工繪事悉本甌香館

法樹石草蟲極生動之致蒔詞著有補羅迦

室閒唱詞晚年尤耽禪悅青荳赤華輒留翰

墨年六十納妾生子猶見成立逮粵賊之亂

兵燹流亡不知所終云

補羅迦室傳

赵之琛辑自刻印成。赵之琛（1781—1852年），字次闲，号献父，别号宝月山人，浙江钱塘人。著名篆刻家、书画家，清篆刻杭派"西泠八家"之一，晚年喜画佛像。嗜古，长于金石之学，篆刻早年师法陈鸿寿，后以陈豫锺为师，兼取各家之长，以工整挺拔出之，尤以单刀著名。亦工书善画，媲美奚冈。他一生刻印较多，终老刀耕不辍，乃八家之最。作品形式多样，除创始人丁敬之外属最多，摄取古文字较广泛，尤其在本派风格外，又不断多方面探索，他认为只要章法合适无书体之区别都可入印。

已经写定尚未付印的书稿称为稿本，著述者亲手写定的稿本称为手稿本。凡是手写的而不是版印的书，均称为抄本。其中抄写精美、字体工整的，称为精抄本。明季以降，藏书家以抄书校书为课者很多，甚至竭尽毕生之力，手校眉批，这样的校本无论内容和形式，都使其更受重视，亦被视为善本。而名家亲笔书写的手稿本更是具有重要的历史、学术和艺术价值。

肆

稿抄校本·孤本秘籍

周礼考记一卷

明蓝格抄本

《周礼》早称《周官》，是西汉景帝、武帝之际河间献王刘德从民间征得的先秦古书之一。自西汉刘歆始称《周礼》。《周礼》是儒家经典，十三经之一。世传为周公旦所著，成书于战国秦汉间，记载了先秦时期社会政治、经济、文化、风俗、礼法诸制，所涉内容极为丰富，是一部通过官制来表达治国方案的著作，书中含有丰富的治国思想。《周礼》《仪礼》和《礼记》合称"三礼"，是古代华夏民族礼乐文化的理论形态，对礼法、礼义作了最权威的记载和解释，对历代礼制的影响最为深远。

该佚名抄本，品相极好，白棉纸较厚，蓝印格边栏、书口、字体似明嘉靖时风格。

周禮考記序

按周公相成王建六官分六職禮樂政事粲然大備
即其設位言之則曰周官即其制作言之則曰周禮
周衰諸侯惡其害己減去其籍秦孝公用商鞅政與
周官背馳始皇又惡而焚之漢河間獻王好古學購
得周官五篇武帝求遺書得之藏于秘府哀帝時劉
歆校理秘書始著于録畧然冬官久亾以考工記補
之考工記乃前代能識古制者所作先儒皆以為非
惟歆能識之而五官亦復錯雜傳至于今莫敢是正
誠何自而考之乎本之尚書以考之也周官一書成

宋锁碎录二十卷

明杨氏家塾抄本 存卷一至十

　　该书在《中国古籍善本书目》中子部类书类著录，只有国家图书馆与本馆有收藏，均为残书，属稀见本。

　　类书是我国古代百科全书性质的一种资料汇编，得名于内容广阔、博采群书、分类而辑，其特点就是采撷群书，辑录各门类或某一门类的资料，按类属从或按韵目编排，以供人们寻检、征引。类书在校勘典籍、检索诗文词句、查检典故成语等方面便捷全面，为研究者作专题性研究提供了丰富的资料。该书书品甚佳，上书口镌"杨氏家塾记"，各卷均记有抄书纸张数并钤名章。半页十行，行二十字，四周单边。存卷部分为：帝王部、鬼神道释部、百工医技部、商贾货财部、音乐部。

《国家珍贵古籍名录》编号：04928

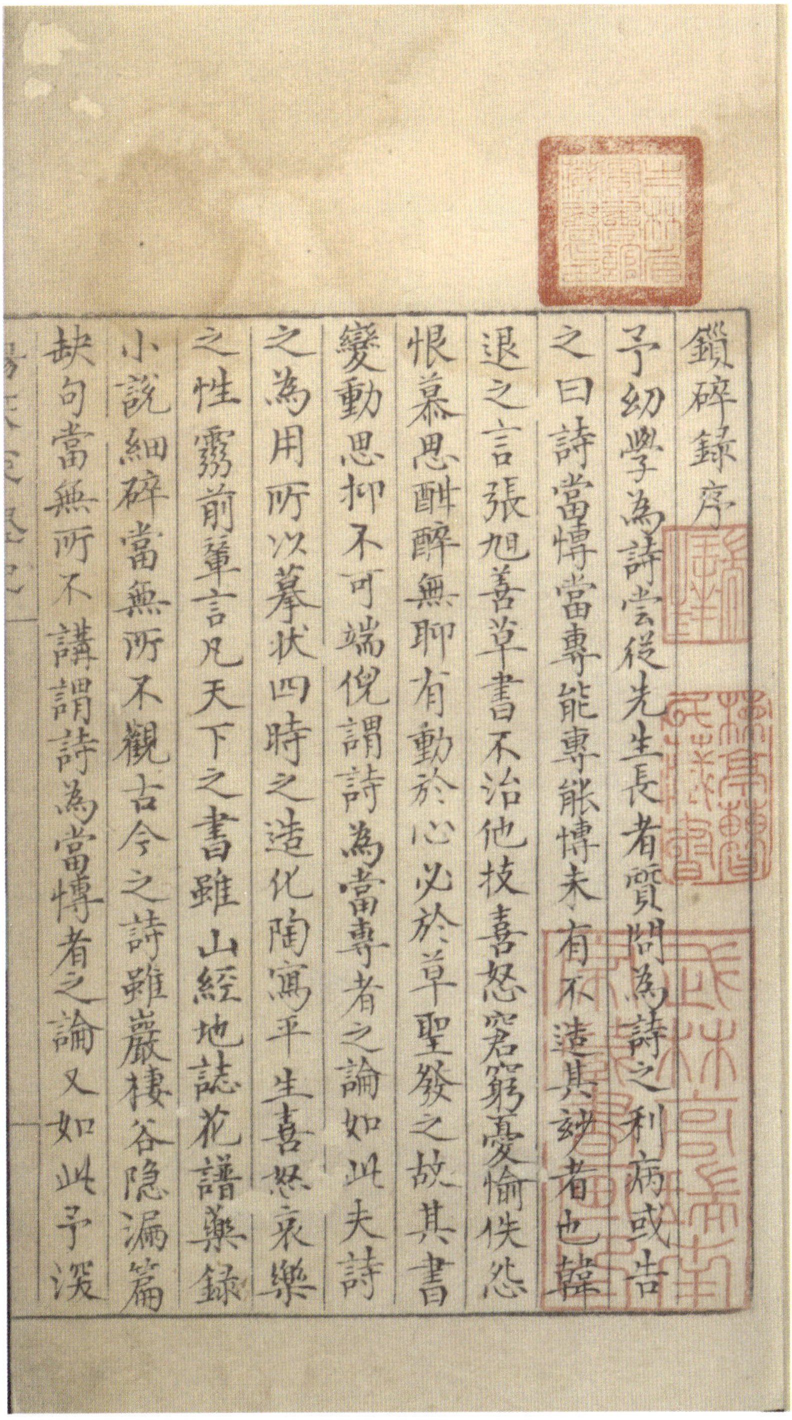

鎻碎錄序

予幼學為詩嘗從先生長者質問為詩之利病或告之曰詩當博當專能專能博未有不造其妙者也韓退之言張旭善草書不治他技喜怒窘窮憂愉佚怨恨慕思酣醉無聊有動於心必於草聖發之故其書變動思抑不可端倪謂詩為當專者之論如此夫詩之為用所以摹狀四時之造化陶寫平生喜怒哀樂之性霧前輩言凡天下之書雖山經地誌花譜藥錄小說細碎當無所不觀古今之詩雖巖棲谷隱漏篇缺句當無所不講謂詩為當博者之論又如此予溪

题西湖野臣辑著。西湖野臣、西湖义士，皆为明末杭州乐舜日别号。乐氏序作于明崇祯八年（1635年）九月，即铲除魏忠贤及其阉党后六年。魏忠贤出身市井无赖，后勾结客氏混入宫中，邀宠天启皇帝，惑乱宫廷，专擅朝政，培植阉党，达到宦官专权的顶峰。作者自序称："逆党恶迹，罄竹难尽，从邸报中与一二旧闻，演成小传，以通世俗，使庸夫凡民亦能披阅而识其事，共畅快奸逆之殛，歌舞尧舜之天矣！"

此书对魏忠贤种种罪恶进行了无情的揭露和鞭挞。其与《皇明中兴圣烈》及清光绪铅印本《魏忠贤轶事》的关系有待进一步研究。

魏忠贤轶事四卷四十八回

（明）乐舜日撰　明崇祯抄本

《国家珍贵古籍名录》编号：12097

清朝历史上前后共三次纂修《大清一统志》。一修始于康熙二十五年（1686 年）。二修始于乾隆二十九年（1764 年），成于乾隆四十九年（1784 年），由和珅任总裁，反映版图扩充及政区变迁、职官增减。关于第二次成书的卷数问题。乾隆五十四年（1789 年）正式呈上的是四百二十四卷，成书后收入《四库全书》，然而又有第二次成书之光绪朝上海宝善斋石印五百卷本。其中原委在《嘉庆重修一统志》跋中记载五百卷本的出现，是由于"其沿四库总目之讹，强析原卷以充厥数。"因此两部书虽卷数不同，而内容是完全相同的。该书启修、完成俱在乾隆一朝，因此称乾隆《大清一统志》。三修始于嘉庆十六年（1811 年），成书于道光二十二年（1842 年）。《大清一统志》的纂修是清政府维持对全国各地的有效统治、维护大一统局面的重要举措和手段，也为反映清朝大一统状况和清政府的功绩提供了一个载体。清一统志资料较为完备，为我国古代地理总志的总结之作。馆藏为二修《大清一统志》，乾隆内府抄本。

（清）和珅等纂修　清乾隆内府抄本

存卷八、三十

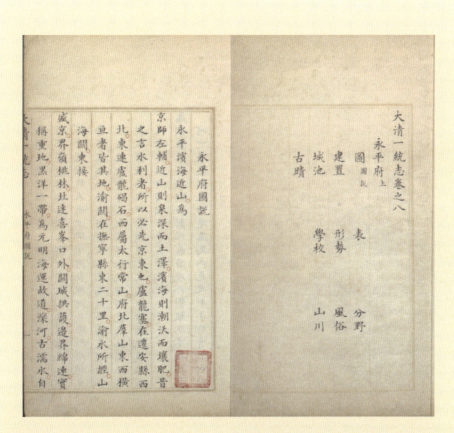

《国家珍贵古籍名录》编号：07953

沈下贤文集十二卷

（唐）沈亚之撰 清抄本

佚名录 吴翌凤校跋

沈亚之（781—832 年），字下贤，吴兴（今湖州）人，以文词得名，游韩愈之门。其传奇风格奇崛，行文中插入大量诗歌，可以说是传奇小说中的"沈下贤体"。最让人熟知的就是《湘中怨解》《异梦录》《秦梦记》三篇传奇小说。他出身寒门，不得已靠科举谋生。五应进士科试始登第；两应制举，因条对切直，被考官白居易、庞严等摈斥。中年丧妾与妻，感情生活极为不幸。晚年时因平李同捷叛被贬官，一生官位不显。

《沈下贤文集》是沈亚之的一部游记体文集。多记述作者所到之处发生的一些重大事件，可补充、订正相关唐代史书的不足以及讹误。

是书品相颇佳，软体字，圆润通阔，书中之诗或分体或不分体，风格迥异，具有很高的文学价值。

吴翌凤（1742—1819 年），字伊仲，号枚庵，江苏吴县（今苏州）人，著名藏书家兼学者，与吴骞、黄丕烈同时。他毕生从事保存整理文献典籍，以抄书名世。同时又工诗画，通金石，多才多艺，在当时声名著于士林。钤印："又尘监藏""宜兴李书勋藏书记"。

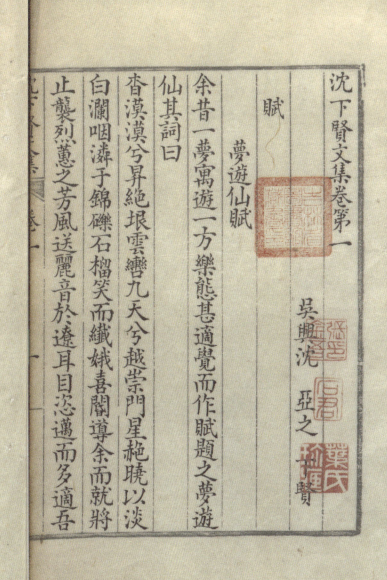

沈下賢文集卷第一

吳興沈亞之下賢

賦

夢遊仙賦

余昔一夢寓遊一方樂態甚適覺而作賦題之夢遊
仙其詞曰

杳漠漠兮昇絕垠雲縿九天兮越崇門星趫曉以淡
白瀾咽潾于錦礫石榴笑而纖娥喜闇導余而就將
止襲烈蕙之芳風送麗音於遼耳目恣邁而多適吾

沈下賢文集序

文章盛衰與世中降唐之文風
大振于貞元和之間韓柳倡
其端劉白繼其軌當時學者渢
濡游泳揽其英華洗濯磨淬輝
光日新莤有作者皆品以拔出
流俗自成一家之語則吳興云
文是已公諱亞之字下賢吳興

平定两金川大功告成颂一卷

（清）戴震撰 （清）五泰 瑞保撰

清抄本 经折装

平定两金川大功告成恭紀七律十首

聖主乘乾握六符車書一統式鴻圖天

樞高挈三光燦地絡宏包八柱扶

淨掃欃槍空大漠共安衽席詠康

衢

熙朝聲教周無外

宵旰勤勞運

膚謨

金川巖爾僻蠻方塞接旄牛種落

詳納賮久曾供土職

賜符早已示

王章漸侵鄰部踰分壤漫召戎心肆陸

《国家珍贵古籍名录》编号：09320

大小金川即今四川阿坝州的大金县、小金县，是内地联系西藏、青海、甘肃等藏族地区的桥梁和咽喉。元明以来，先后分设土司，令其各守疆界，互相牵制，以为羁縻。雍正年，大小金川接受清政府册封后，常常打着朝廷旗号，恃强凌弱，势力日益强大，边境不安宁，乾隆帝遂决定兴师进剿，乃有大小金川之役。

此折为彩锦封面，黄签题名。下左题一小字"准"，折衬（书衣）黄纸绘飞龙行云图，折页藏蓝底色，金线花边，宣纸裱糊，馆阁体恭书奏议内容，末分署"庶吉士臣戴震恭进""庶吉士臣五泰恭进""庶吉士臣瑞保恭进"。似从宫中流失，诸目不载，应为孤本。

清雍正八年（1730 年），陈伦炯以父子两代人数十年的心血积累写成了《海国闻见录》，详细介绍中国海防形势、东南亚航海、非洲和欧洲的地理情况，首次画出了东半球地图。已经明确标绘有东沙、西沙、南沙、中沙四大群岛的地名和位置。记载了台湾及其附近岛屿的自然、人文地理状况。这是一部有较高史料价值的著作，也是清前期介绍外国史籍的代表。后人称这部书是我国18 世纪最伟大的地理著作，对我国海岸地理、世界地理的研究影响很大，对今天的海防建设和沿海港口城市的建设也有参考意义。

陈伦炯（？—1751 年），字资斋，福建同安人。其父陈昂，康熙二十一年（1682 年）从靖海侯施琅平定台湾，出入东西洋五年，官至广东副督统。伦炯少从其父，亦熟闻海道形势，及袭父荫，历任澎湖副将、台湾镇总兵官、浙江宁波水师提督，以平生闻见著此书。戴氏朱笔圈点并校字，存疑处则贴一小纸条注明而不擅改。

该书末朱笔书写："乾隆乙卯十一月长至后四日檇李戴光曾手校"。戴光曾，浙江嘉兴人。清代大藏书家。戴氏藏书楼名为"从好斋"，其藏印有"松门手书""嘉兴戴光曾鉴藏经籍书画印""嘉兴戴光曾鉴藏""从好斋书画印"等。著有《从好斋诗集》。

《国家珍贵古籍名录》编号：04132

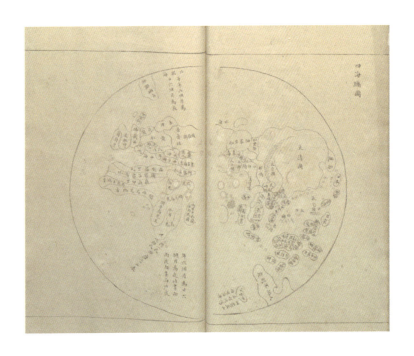

（清）陈伦炯 撰

（清）戴光曾 校　清抄本

海国闻见录一卷

金刚般若波罗蜜经一卷

（清）翁方纲正书

清嘉庆十七年（1812年）写本

　　有清一代，书法家辈出，但若说书写《金刚经》成帙最多者当系此本的抄写者翁方纲。翁方纲（1733—1818 年），字正三，号覃溪，晚号苏斋，顺天大兴（今属北京市）人。清代书法家、文学家、金石学家。乾隆十七年（1752 年）进士，曾任《四库全书》馆纂修官，散馆后授编修，历官内阁学士、左鸿胪寺卿。翁方纲精于考据、金石、书法之学。《清朝书画录》把他和刘墉、梁同书、王文治齐名，并称"翁、刘、梁、王"。亦与刘墉、成亲王永瑆、铁保齐名，称"翁、刘、成、铁"。翁方纲抄写《金刚经》应有八十八部之多，后多赠予朋友，或送至一些庙宇保存。遗憾的是，现在还留存于世的已不多见，本馆所藏此本应即为其中一部，半页六行，行十四字，白口，四周单边。字体近似欧体，体势紧劲，笔法温润。

临江阁集十二卷

谭书，字二酉，号辰山，广东籍。清乾隆三十九年（1774年）举人。任崇明县学教谕一职十二年，不得志而弃官归乡，六十多岁时年老又患病。贫困无着，病卒于官舍。吴德旋在序中称："吴江谭君辰山于学无所不窥，而尤长于《易》。著书数万言，甚具。而又以其余力为诗歌以自娱。"从吴德旋的序中可以看出，谭书机智聪明异于常人，凡天文五行、农田水利、太乙奇门壬遁、医药都有所涉猎，尤其擅长于易学。该手稿未付梓行世，《中国古籍善本书目》集部清别集类著录，仅吉林省图书馆藏，为孤本。该稿为谭书多部手稿的总集，含《东桥集》《过夏集》等多种。卷首有吴德旋序、钱维乔序，以及陆耀遹校读一过、李廷敬读、沈璟拜手读、赵坚读过等诸读过者题识。

钤印："陆耀遹读""维乔之印""竹初居士""廷敬""沈璟""陈苏之印""二鱼"。

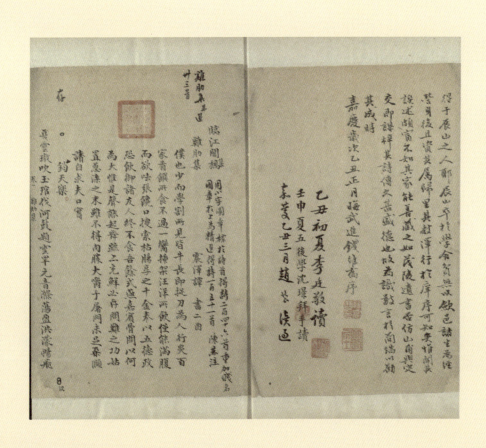

近代名人手札

（清）骆秉章等书　清末民初手书本

行字不等，无版框。此札集清末民初著名历史人物骆秉章、刘长佑、李鸿章、李瀚章、李鹤年、左宗棠、陈士杰等人致文格、吴大澂致王懿荣、吴大澂、蒋节致退楼、平翁手书数十通，装裱精良、完好无损。手书或叙事言情、赠诗唱和，或商讨公务、议论时政，内容涉及广泛，极具史料价值、文学和艺术价值，此书札近五十件信函，保留了湘军以湖南为基地，同太平军作战的内幕性质的珍贵史料。

158

武岩年世大兄大人閣下頃接　先慈同年来函以九江撲

報非其時平處補以柳試之摺惟本日午刻接湖北

塘来摺稿已將蕲賊顧股匪殺害萬人指晉廿晉洋要

慶彭澤等邑工犯揚言分股援湖北并援江西之言入

豐邑左季留撐胡中丞初旬来函云張家塝東阿西阿

之亚肠已疲退援賊之在彭澤肅排細觀建夢等語

不得謂石達之到彭澤無其事也石達雖徘徊不

勒其意有在未光其欲宼何屬雖以預料潜竹作

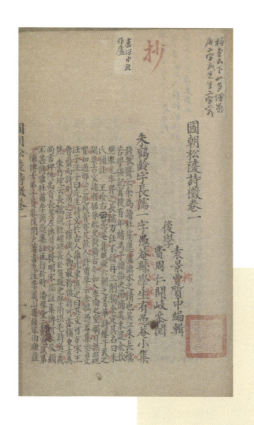

袁景辂，字质中，号朴村，吴江震泽（今属苏州）人。受诗学于沈德潜，与同里王元文、顾汝龙、顾我鲁、袁益之、陈毓升、陈毓咸等结竹溪诗社，分题斗韵，跌宕文史，为人所称。

他选录清代前期吴江四百四十一位诗人之作辑成《国朝松陵诗徵》。其选诗精当，发潜阐幽，以诗存人，以人存诗，每人名后先书表字、世系、科第官位，再录集名，复引诸家评语，最后殿以撰者自作评论。集中体现了袁景辂的诗学观。其整个诗论继承了其师沈德潜的诗论精义和优点，固然有"格调说"的影子，但对其消极和保守也有所突破和超越。其论诗内容丰富，于后人评诗作诗颇有裨益。此总集为保存地方文献功不可没，对指导诗歌创作、进行诗歌理论批评价值不应忽视。

国朝松陵诗徵不分卷松陵文存不分卷

（清）袁景辂辑　清乾隆稿本

余萧客（1732—1778 年），字仲林，号古农，长洲（今苏州）人，清代著名经学家，以布衣终。著有《文选音义》《选音楼诗拾》。该书成书于 1762 年，从大量古籍中辑出唐以前十三经旧注，厘清源流。该书为"四库底本"，特征明显。首页钤有满汉文方章"翰林院印"。书内留有四库馆臣笔迹，有朱墨两色，各卷中均注明需补需改的文字。另有墨笔勾改的文字。多处添加或改正的字或句，抄写格式的要求以及勾画出需删除的部分。其中多有"总校官潘有为"便章，还有四库馆臣校阅底本时留下的飞签及其他批语，散见书中各卷，天头处可以看出曾贴过浮签的痕迹，但浮签现多已不存。"四库底本"原貌的展现有助于对《四库全书》编纂的研究。底本的价值归纳有三：首先当时是从征集的书籍中选择较好本子定为底本。其次底本中留有大量四库馆臣工作时的痕迹，为我们提供了不小的研究空间。再次底本中有些内容是毛笔勾出或是用文字注明需要删除的部分，这部分内容在抄入四库时已删去，但仍保留在底本之中。一般不标明删除原因，可供进一步研究，是有史料价值的。钤印："翰林院印"。

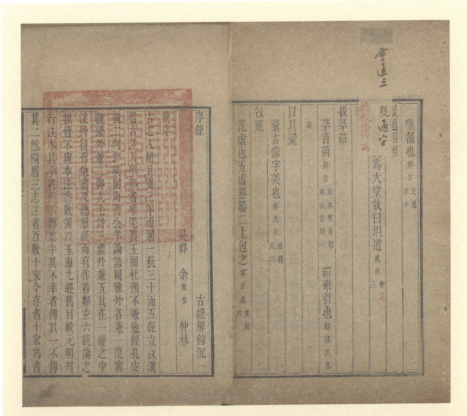

《国家珍贵古籍名录》编号：03399

古经解钩沉三十卷

（清）余萧客撰

清乾隆刻本（四库底本）

套印技术虽然早在元朝已经发明，但真正使其广泛应用在书籍印刷和获得很大发展是在明朝万历天启时期，刻印既多又流传广泛著称于世的为吴兴闵刻本、凌刻本。使用活字印刷的技术在世界上也是以中国为最早。泥活字、木活字、铜活字、铅活字都有实物可资展示，特别是清武英殿聚珍本向被列为清刻善本。

伍

套印聚珍·光彩焕然

（后蜀）赵崇祚辑　（明）汤显祖评

明万历四十三年（1615年）刻朱墨套印本

花间集四卷

晚唐五代时期社会安定君臣醉生梦死，耽于声色犬马，在这种社会环境下，诗人的心态产生了变化，把审美情趣由社会人生转换成歌舞艳乐，专以深细婉曲的笔调浓重艳丽的色彩写官能感受，于是诞生了一个新的词派——花间词派。温庭筠是花间词派的代表人物。后蜀人赵崇祚收集了18位词人的作品。这18位词人分别是：温庭筠、皇甫松、和凝、韦庄、薛昭蕴、牛峤、张泌、毛文锡、顾夐、牛希济、欧阳炯、孙光宪、魏承班、鹿虔扆、阎选、尹鹗、毛熙。赵崇祚将这些人的作品编辑成集，命名为《花间集》。此集被认为是最早的词选集，集中而典型地反映了我国早期词史上文人词创作的主体取向、审美情趣、体貌风格和艺术成就。《花间集》介于中国文学发展史上唐诗宋词两大峰巅期的中间，对宋词的繁荣及以后词的发展有着重大影响，文学艺术上的价值、作用、贡献和地位是不可忽视和否认的。

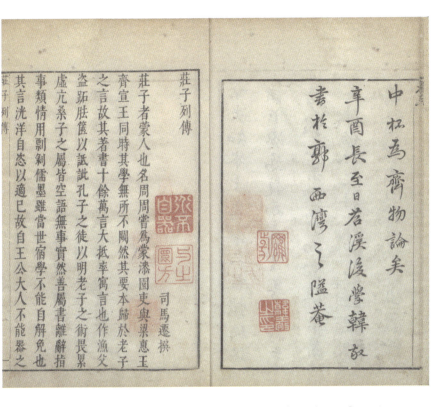

《国家珍贵古籍名录》编号：04992

解庄十二卷·

（明）陶望龄撰（明）郭正域评

明天启元年（1621年）茅兆河刻朱墨套印本

　　明初时，《庄子》被视为异端邪说，生存空间微小。正德嘉靖时，文人间兴起读庄之风，评《庄》、解《庄》，一时成为时尚。明朝灭亡后，《庄子》一书便成为明遗民的精神寄托。《解庄》这部书，陶望龄使用常见的评点之法，评点之言随文于《庄子》原文之中，其评注语言十分具有特色，可简洁精炼地一句点明其意，又可生动活泼地运用比喻、排比等修辞手法，结合《庄子》原文进行解析。《庄子》一书的语言风格本身就具备了生动活泼的特征，陶望龄在解《庄》时便受到影响，尤其喜爱《庄子》中的各类寓言故事，常常对其加以评注。秉持着严谨学术态度，在《解庄》中常对《庄子》的真伪进行思考，进而提出辨别《庄子》真伪的方法。

　　陶望龄(1562—1609年)，字周望，号石篑，汉族，明会稽人。明万历十七年(1589年)，他以会试第一、廷试第三的成绩，做了翰林院编修，参与编纂国史；曾升侍讲，主管考试，后被诏为国子监祭酒。陶望龄为官刚直廉洁，不受滋垢。一生清真恬淡，以治学为最大乐事。所撰此书在王重民《中国善本书提要》有著录。茅兆河，字巨源。茅氏为吴兴士族，所刻多为朱墨套印本。

　　钤印："水晶阁珍藏印"。

西厢记五卷

（元）王德信　（元）关汉卿撰　（明）凌濛初评　解证五卷

（明）凌濛初撰　会真记一卷

（唐）元稹撰　附录一卷　明凌濛初刻朱墨套印本

　　《西厢记》是元杂剧中的代表剧目，一曲崔张至死不渝的爱情一直流传至今，成为佳话。

　　王实甫著《西厢记》的原本已经失传，今天能见到的均为明清刊本。至今明刊《西厢记》尚存近四十种，清刊《西厢记》也有近四十种，但有影响有代表性的不多。本次展览展出的版本不仅校订精审、注释允当，更重要的是它是明凌濛初刻朱墨套印本。

　　明代吴兴闵氏、凌氏家族同为万历天启间最卓著的刻书家族，其套版印刷书籍被誉为"闵凌刻"。闵凌刻多以朱墨、三色、四色乃至五色套版印刷，版式独特而固定，多为半页八行或九行，行十八字或十九字，单边版框，天头处刻印批评，皆以行楷书体，彩色小字加以区别。无界行，以便行隔之间加圈点。正文为墨色印刷，再以多种颜色区别不同评注者，由朱递加到黛、紫、黄五色套印。展卷不再是正文评注墨印一片，而是多色区别，插图版画，色彩斑斓，颇为藏家所重视，是印刷术史上的一颗璀璨的明珠，至今仍是异彩纷呈。

　　历年研究闵凌刻者统计闵凌刻本的种数，至今未有定论。据 2005 年蒋文仙《明代套色印本研究》一文中统计，明代套色印本 147 种。

西廂記第一本

張君瑞鬧道塲雜劇　元　王實甫　填詞

楔子

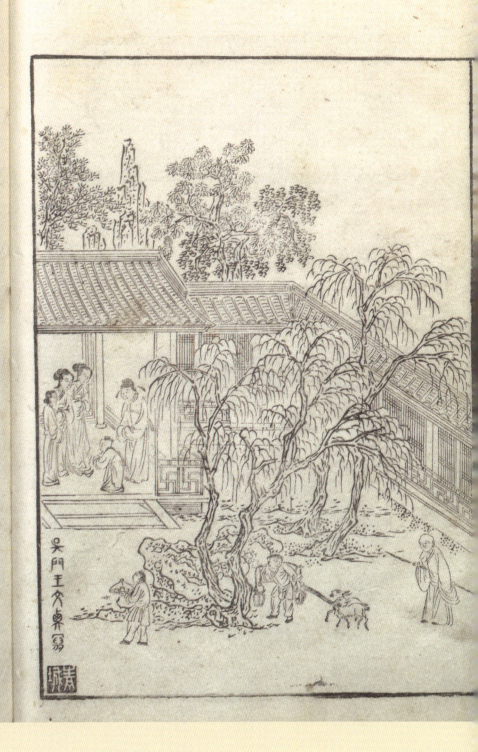

御选唐宋诗醇四十七卷目录二卷

（清）梁诗正等辑　清乾隆十五年（1750 年）内府刻　四色套印本

　　《御选唐宋诗醇》是清乾隆年间的一部大型唐宋诗歌选集，"乾隆十五年御定。凡唐诗四家：曰李白、曰杜甫、曰白居易、曰韩愈。宋诗二家：曰苏轼、曰陆游。"题为乾隆御选，但同很多敕纂的清代内府刻本一样，真正编选者为卷首题名列为"校对"的梁诗正、钱陈群、陆宗楷、陈浩等人。梁诗正（1697—1763 年），字养仲，钱塘（今杭州）人。官至东阁大学士，长期修撰官书，皆任总裁、审定编辑体例。"去取评品，皆出于梁诗正等数儒臣之手"。需要指出的是，无论文治还是武功，康、乾二帝对选辑编纂诗选以及刊行等一系列活动都有较强掌控。《御选唐宋诗醇》乾隆十五年初刻之时，原有钱谦益评语，后再入选《四库全书》，已将钱氏评语尽皆删去，改换成其他人的评语，盖因乾隆三十四年（1769 年），下诏将钱谦益著作毁版，《四库全书》于乾隆四十六年（1781 年）写定，秉承上意，自然要将其全部撤换。

　　馆藏此本印制精美，应属内府初刻初印。

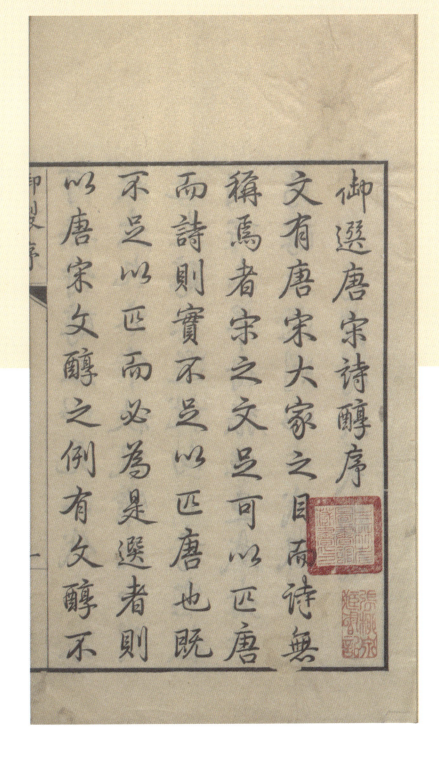

御選唐宋詩醇序

文有唐宋大家之目而詩無

稱焉者宋之文皂可以匹唐

而詩則實不皂以匹唐也既

不皂以匹而必爲是選者則

以唐宋文醇之例有文醇不

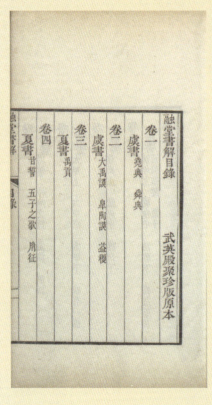

融堂书解二十卷

（宋）钱时撰

清乾隆三十九年（1774年）武英殿聚珍本

钱时（1175—1244年），字子是，号融堂，宋淳安（今浙江杭州）人。南宋经学家。游慈湖杨简门下。

时任江东提刑的袁甫器重钱时的才学，特设象山书院，招请钱时为主讲席，一时风闻远近。当地及新安、绍兴郡守闻讯后，厚礼邀请钱时讲于郡学。嘉熙元年（1237年），理宗特赐其进士出身。后于蜀阜创办"融堂书院"，日与群徒讲学，是为淳安书院之始。人称融堂先生。一生著述颇多，现存有《融堂书解》《两汉笔记》《四书管见》。

《融堂书解》为钱氏专解《尚书》之作，是宋人经解中特别出色的一家。该书原本久佚，清修《四库全书》时，馆臣从《永乐大典》中辑出，书名仍袭其旧，析为二十卷。传本为《四库全书》本。该书现存版本有聚珍本、闽覆本、杭缩本。

我馆所藏为清乾隆三十九年（1774年）武英殿聚珍本，卷端题有："武英殿聚珍版原本"。

公是集五十四卷

（宋）刘敞撰　清乾隆四十六年（1781年）

武英殿聚珍本　（清）王芑孙批校

刘敞，宋代临江新喻（今江西新余）人。字原父，世称公是先生。庆历六年（1046年）进士，学识渊博，凡佛老、卜筮、天文、方药、地理、历史皆究知大略。本书是刘敞个人著作总集，据《永乐大典》辑录编缀而成，有《四库全书》本和武英殿聚珍版两种。

馆藏该本为乾隆四十六年（1781年）武英殿聚珍版。版本价值主要是有王芑孙的朱笔批校题识。

王芑孙，字念丰，号铁夫，更号惕甫，又号楞伽山人，晚号樗隐老人、老铁，清苏州府长洲县（今苏州）人。年十二三即能操觚为文。乾隆进士，曾任国子监典籍，后辞官，归任扬州乐仪书院山长。他是清乾隆嘉庆时期知名学者，时与洪亮吉、孙星衍等齐名。一生为官不显，但手不释卷。因家富藏书，性喜评点昔贤文字，故而经其藏弃之籍，中多手批墨迹，其中不仅可以反映其治学论文的观点，也可令人一窥其书法功力。

钤印："惕甫""芑孙审定""楞伽山人""刘明阳""研理楼刘氏藏书""宝静簃主王静宜所得秘籍""双静阁""刘明阳王静宜夫妇读书印""萧元吉""读易楼秘笈印"。

《国家珍贵古籍名录》编号：05480

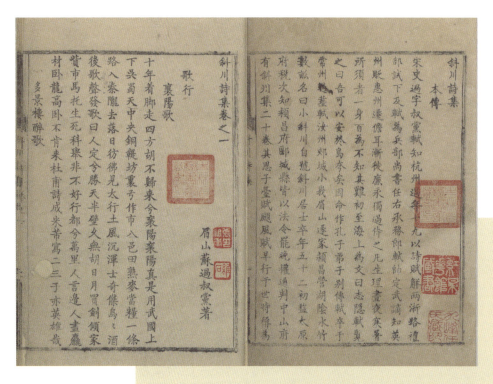

斜川诗集十卷

（宋）苏过 撰　清活字印本

苏过（1072—1123 年），字叔党，号斜川居士，北宋文学家。眉州眉山（今属四川眉山市）人。苏轼三子中，苏过文学成就最高，时称小坡。宋哲宗元祐六年（1091 年），曾应礼部试，未第。

苏轼一生中，宗派斗争和文字狱使他受尽折磨。自乌台诗案之后，他一贬再贬，直到徽宗建中靖国元年（1101 年）去世。苏过多年陪伴父亲的游宦生涯，频繁地迁徙。

关于苏过诗文集的卷帙和流播，一直是个纠缠不清的问题。《宋史》本传记苏过有《斜川集》二十卷，然《宋史·艺文志》又称："苏过《斜川集》十卷"，晁说之为苏过所作《墓志铭》记为二十卷，南宋陈振孙《直斋书录解题》、马端临《文献通考》都作十卷。而后的有关著录，各持一说。

清康熙时下诏征求《斜川集》未得。乾隆时修《四库全书》，馆臣周永年从《永乐大典》中辑得若干篇首。始有乾隆五十三年（1788 年）杭州亦有生斋刻本，此即《斜川集》辑本之最早刻本。又有嘉庆刻本、阮元《宛委别藏》本、鲍廷博《知不足斋丛书》本。

馆藏该本为清活字印本，有佚名墨批。

首有锺惺于泰昌元年庚申冬十一月撰序。《诗经》为儒家经典，该评点本在明清两代具有广泛的市场，既得到了读者的欢迎，又顺应了学子的应试需求，具有极大的传播力。

泰昌为明朝皇帝明光宗朱常洛的年号。由于明光宗在位时间极短暂，不足一个月而身亡，故"泰昌"这个年号仅用了一年，起讫时间为1620年8月28日至1621年1月21日。故而这一时期的版刻较为稀少。

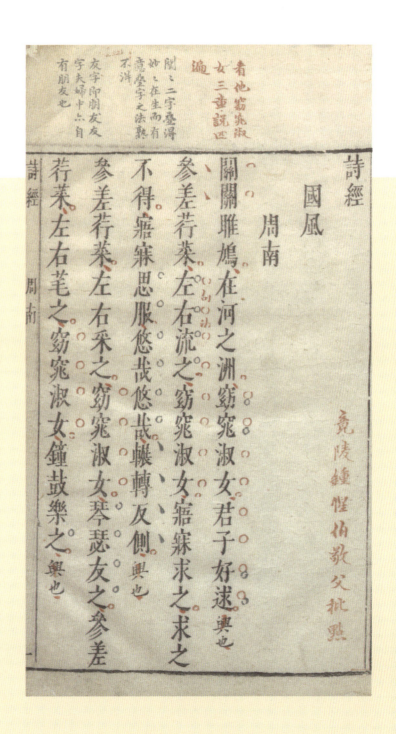

（明）孙鑛批点 明万历四十四年（1616年）

闵齐伋刻朱墨套印本

孙月峰（1543—1613年），名鑛，字文融，号月峰。余姚（今浙江慈溪市）人。万历二年（1574年）进士，授兵部主事。官至南京右都御史，兵部尚书。著有《姚江孙月峰先生全集》。孙鑛用毕生精力，批注百家，在明代诗文批点史上享有大名。据《孙月峰先生批评札记》一书前所附《孙月峰先生评书》目录所载，已记有包括经史子集诸多门类的文献近五十种。

孙鑛评点《左传》不再是美刺讽谏的诗教，而是从《左传》本身的艺术出发，评价其得失。

明万历四十四年（1616年）闵齐伋本，也即是本馆所藏此本，是现存孙鑛评点《左传》最早的刊本。

钤印："戴东藩莲溪藏书印""好古堂图书记""好古堂主为明浙江胡震亨"。胡震亨（1569—1645年），字孝辕，号遯叟，又号赤诚山人。浙江海盐人。胡氏既藏书又是位学者，著作有：《靖康资鉴录》《读书杂录》《秘册汇函》《续文选》《唐音统鉴》及《赤诚山人稿》等。

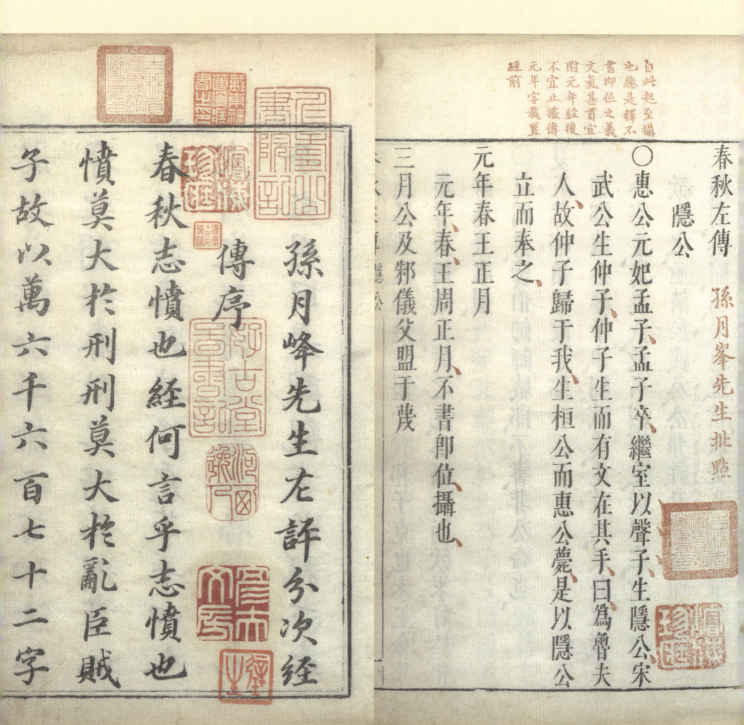

隱公

○惠公元妃孟子孟子卒繼室以聲子生隱公宋
武公生仲子仲子生而有文在其手曰為魯夫
人故仲子歸于我生桓公而惠公薨是以隱公
立而奉之

元年春王正月

元年春王周正月不書即位攝也

三月公及邾儀父盟于蔑

自此起至攝
也總是釋不
書即位之義
文氣甚貫宜
附元年經後
不宜止釋傳
元年字藏置
經前

孫月峯先生左評分次經
傳序
春秋志憤也経何言乎志憤也
憤莫大於刑刑莫大於亂臣賊
子故以萬六千六百七十二字

《国家珍贵古籍名录》编号：03351

史记钞九十一卷

（明）茅坤辑 明泰昌元年（1620年）
闵振业刻朱墨套印本

茅坤（1512—1601年），字顺甫，号鹿门，浙江归安（今吴兴）人，明末儒将茅元仪祖父。嘉靖十七年（1538年）进士，官广西兵备佥事时，曾领兵镇压广西瑶族农民起义。明代著名散文家，以编选《唐宋八大家文钞》而享誉。钱谦益对茅坤多赞赏之词："（茅坤）为文章滔滔莽莽，谓文章之逸气，司马子长之后千余年而得欧阳子，又五百年而得茅子。疾世之为伪秦汉者，批点唐宋八大家之文以正之。"

明代因科举考试的需要，有大量的关于《史记》的评点、集评、辑刊以及散见于各类文章中阅读《史记》的陈述。茅坤选编《史记钞》，每篇作品皆施圈点和批评，评点的体式和《唐宋八大家文钞》相类。

但入清以后，《史记钞》已比较陌生，不太为文人学士所注意。"四库"馆臣亦不予采录。章学诚等清代学者也将明人对于文学形式的一切评点研究归为空疏之学。

《史记钞》初刻本为明万历三年（1575年）茅坤自刻，20世纪90年代编刊的《四库存目丛书》史部收录。现仅存两本：一本藏北京国家图书馆，另一藏浙江图书馆。

钤印："九峰旧庐藏书记"。九峰旧庐为近代杭州大藏书家王体仁藏书楼名。

莊子云于獨不
知至德之世乎
昔者容成氏大
庭氏伯皇氏中
央氏栗陸氏驪
畜氏云云太史
公作夏本紀贊
蓋本諸峽用借

史記鈔附卷之一

維禹之功九州攸同光唐虞際德流苗喬夏桀淫
驕乃放鳴條作夏本紀第二
太史公曰禹爲姒姓其後分封用國爲姓故有夏
后氏有扈氏斟尋氏彤城氏襃氏費氏杞
氏繒氏辛氏冥氏斟戈氏孔子正夏時學者多
傳夏小正云自虞夏時貢賦備矣或言禹會諸矦
江南計功而崩因葬焉命曰會稽會稽者會計也

叙史記鈔

孔明略觀大意淵明不求甚解此古人讀書
三昧處然少年沓拖者藉爲口實往往讐書
不觀即貌稱好古者執卷輒欲類遊冶見志
得意敝已繼犬撇鷹低迷思寢矣惟蘇子美
讀子房傳豪邁可喜杜祁公曰有如此下酒
物一斗不足多也余束髮好史記杜詩私服
鹿門定有至鑒別其手眼洞入司馬腹中斷

张照，字得天，号泾南。清康熙四十八年（1709 年）进士，从翰林院的庶吉士一直升到刑部尚书，其为官政绩不为人所称道，但他在诗歌、书画、音乐、戏剧诸多方面均有较深的修养。他奉旨改编了《劝善金科》《昇平宝筏》两部成本大戏，在当时产生了巨大的反响，后人评论张照说他是中国连续剧的鼻祖。

《劝善金科》是清宫于每年岁末或其他节令演出的节令戏。源于民间广为流传的《目连记》，又称《目连救母》。《目连记》本之《大藏盂兰盆传》，为西域大目犍连尊者救母事迹，假借为唐朝事。

《劝善金科》与民间演出本的旨趣截然不同，意在谈忠说孝，惩戒人心。全剧共 240 出，其中层出不穷的神佛鬼魅情节正好配合腊月里驱鬼除疫、逐阴迎阳的年俗。

该书卷端书名和行间的曲牌用黄字，书内各出戏名用绿字，演员表演的曲词和道白用黑字，角色及表示动作的说明文字用红字，此外曲词间韵、叠、句等文字表示用蓝字。各色文字还有大、小字的不同，五彩斑斓，印制精良，清晰悦目，既有提示、助读的作用，又美化了版面，兼具艺术欣赏性。

钤印："南昌彭氏""知圣道斋藏书"。

曲谱十二卷首一卷 ·

（清）王奕清等纂　清康熙内府朱墨套印本

王奕清（1664—1737 年），字幼芬，号拙园，江苏太仓人。清朝学者。其曾上祖是明末万历首辅王锡爵，康熙三十年（1691 年）进士，选庶吉士，官詹事府詹事，善书法，工绘事篆刻。

一般认为《曲谱》之北曲部分主要录自朱权《太和正音谱》，南曲部分主要化袭沈璟《南九宫十三调曲谱》，各以宫调为纲，分类编排。每一曲牌举一首曲词为例，注明句式、韵脚、四声，原八声字注明作平、作上、作去。对旧谱多有订正，是一部重要的曲学工具书。

该曲谱是王奕清等人秉承清圣祖玄烨之命而修纂的一部官书，为曲谱整理集大成之作。清室入主中原后，对汉民族传统文化中的娱乐形式颇为喜好。仅以戏曲曲谱为例，从康熙末年到乾隆初期，就由官方进行过三次大规模的纂修整理。

钤印："一枝巢藏书"。

古代史家历来重视对地方文献的研究和利用。地方文献内容广泛而繁杂，涉及面极广，是指记录有某一地方知识的一切载体，它包括一个地方的历史、地理、政治、经济、军事、文化、风俗、特产、人物、名胜古迹等，它是了解与研究地方状况的重要文献依据。

地方文献通常以史料、人物、版本等为纲。从史料方面考察，凡涉及本地区相关各方面问题的资料，皆可以视为地方文献。如果以人物勾勒史料，则无论乡贤或是流寓，只要与本地区历史有关，其传记或著作，包括其他人汇集的相关论著，也都可视为地方文献。例如沈兆禔的《吉林纪事诗》就充满浓郁的乡土气息，被时人誉为吉林"豳风"。而吉林省作为满族传统聚居地，满语文献也是比较有代表性的吉林少数民族传统文化符号之一。

地方文献是考察研究吉林地方昔日风俗，挖掘地方文化传统的珍贵历史性资料。

陆

地方文献·乡土记忆

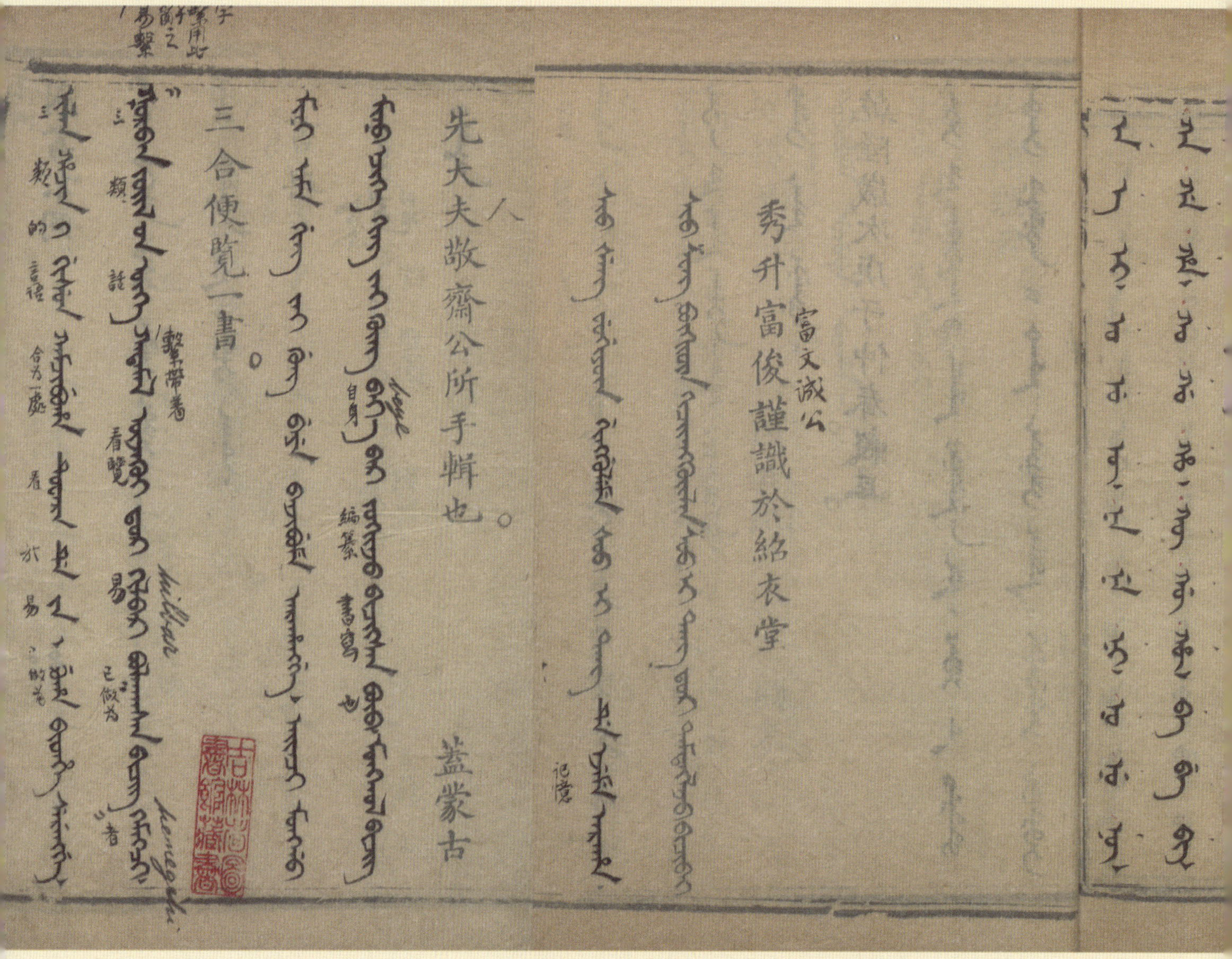

富文诚公
秀升富俊謹識於紹衣堂

八

先大夫敬齋公所手輯也。

蓋蒙古

三合便覧一書。

三合便览十二卷

（清）富俊 编辑

清乾隆四十五年（1780 年）刻本

本书版心有汉文书名，为满汉蒙合璧训诂之书，序末署"乾隆岁次庚子仲春谷旦秀升富俊谨识于绍衣堂"。富俊（1749—1834 年），字松岩，卓特氏，隶蒙古正黄旗，乾隆四十四年（1779 年）翻译进士，通晓满、蒙、汉三种文字。清嘉庆八至道光七年（1803—1827 年），先后四次出任吉林将军。嘉庆帝称"富俊向于公事好固执己见"。道光十四年（1834 年）卒，谥文诚。《清史稿》有传。《盛京通志》和《吉林通志》《吉林外记》都有相关记载。特别是在他创兴吉林文化之际，虽困难重重，终于成功创办书院。吉林教育篇章该有富俊一席位。清兵入关统一全国后，规定所有公文、奏章及印鉴、关防等都要用满文汉文并列书写。满文是竖写右行即从左向右写，汉文是竖写左行即从右向左写。两种文字并列，即满汉合璧。该版为该书较初版本。

合璧聊斋志异二十六卷

（清）蒲松龄撰 （清）穆奇贤译

清道光二十八年（1848 年）刻本

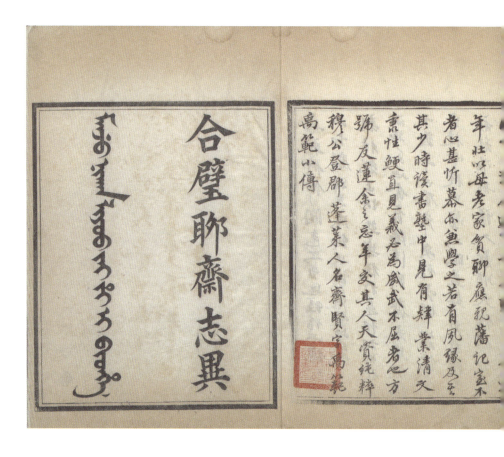

　　《聊斋志异》是清初一部文言文短篇小说集，共收小说近 500 篇，内容为民间民俗、奇谈异闻、世事变幻等，题材广泛，塑造了奇特的艺术世界和艺术形象。蒲松龄（1640—1715 年），字留仙，一字剑臣，别号柳泉居士，世称聊斋先生，自称异史氏，现山东省淄博市淄川区洪山镇蒲家庄人。一生功名蹭蹬，为幕宾、塾师，七十一岁时成为岁贡生，生活清苦。蒲松龄对于当时的社会有着深刻而清醒的认识。他创作的无数个看似荒诞的故事及艺术形象，都源于当时的社会现实，是当时社会的折射，也是作者愤懑孤傲心境的体现。穆齐贤，字禹范，号友莲。生平无考，疑在咸丰三年（1853年）任清军河北镇标左营游击一职。

满汉对照《孙子兵法》白文。被誉为"兵学圣典"的《孙子兵法》是中国现存最早的兵书，也是世界上最早的军事著作，共计十三篇，六千多字。原作者为春秋吴国将军孙武。译者耆英（？-1858年），字介春，隶正蓝旗。父禄康，清嘉庆间官东阁大学士。耆英以荫生累擢内阁学士。道光十八年（1838年），授盛京将军。鸦片战争中，清廷屈服于英国武力，耆英担任媾和交涉，一面力求维持"天朝定制"傲慢之态，不愿通商，一面又采取消极态度。签订《南京条约》后，耆英获罪赐死。《清史稿》有传。

（清）耆英译 清道光二十六年（1846年）刻本

孙子兵法四卷

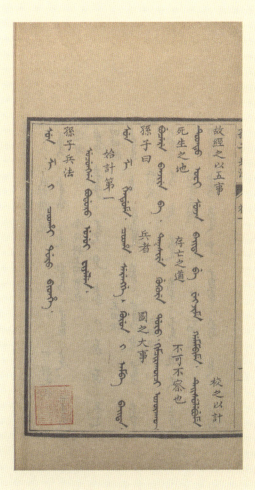

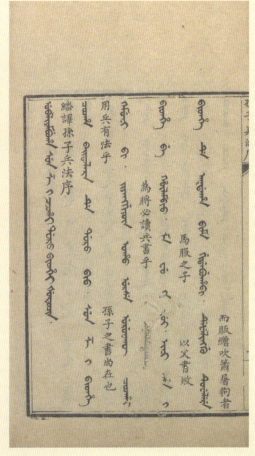

打牲乌拉志典全书六卷

清光绪十年（1884年）稿本

（清）云生修 （清）英喜等纂

　　该书系时任打牲乌拉总管衙门总管的云生修，该衙门的左翼委署翼领英喜等纂。原为清代公文用的毛边纸墨写稿本，是继《吉林外纪》后我省第二部地方志书，成书时间早于光绪《吉林通志》。清朝为专享龙兴之地东北的特产，特设了打牲乌拉总管衙门，隶属于内务府，是清在东北特设皇供官署，地址在今吉林市乌拉镇。该衙门专事向清廷呈上各色各样的贡品，多达百种，供皇室祭祀、享用，和南京、苏州、杭州等织造衙门一道堪称为清廷的四大朝贡基地。该书收入了打牲乌拉总管衙门的全部档案，包括历代皇帝对打牲乌拉的谕旨、敕诏、朱批、言论；清廷内务府等官署的有关指示、命令、决议；打牲乌拉衙门的呈报、汇总档案资料、文书。其内容详述了打牲乌拉的历史沿革、典章制度、官员设置、差徭章程、牲丁数目、添裁俸饷、每岁呈进贡物以及所属官庄和贡山贡河的划定等。

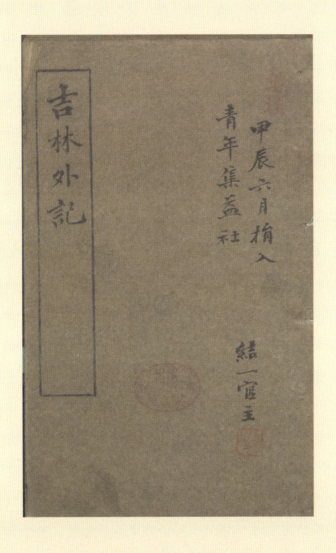

道光吉林外记十卷

（清）萨英额撰 附宁古塔记略一卷

（清）吴桭臣著 清光绪二十一年（1895年）

渐西村舍刻本

　　该记内容自山川形势至伯都讷屯田共二十七门。在此以前，吉林省本无志书，此书约成书于道光间，实属草创，可资研究吉林历史地理参考。

　　萨英额，姓张，字吉夫，吉林人，隶吉林满洲正黄旗，道光初年曾任吉林堂主事。萨氏在自序中谈编辑是书之缘起："天下府州莫不有志，盛京有《通志》，黑龙江有《志》又有《纪》。吉林为我朝发祥根本之地，并无记载，岂非阙典？谪居吉林人员内不乏名家，何难濡笔？第人地两生，不知风土人情。山川地名，又多系国语，以汉文字音求解，鲜不豕亥。此富崧岩大宪之所以不委诸外员而命萨英额作记也"。该书记事迄于道光七年（1827年）。白口，单黑鱼尾。此富崧岩大宪即指时任吉林将军的富俊。国语，指满文。

该书采《唐书》《宋史》《辽史》《契丹国志》《明会典》《满洲源流考》《元地理志图》等诸史籍中涉及东北历史的资料整理条编而成，系东北边疆重要史籍。后有天津徐氏退耕堂刻本。

吴廷燮（1865—1947年），字向之，近代史学家，山西榆次人。光绪二十年（1894年）举人。他在清末民初在政府中历任重要职务，曾任北洋政府大总统秘书等职。在史学方面多有建树，著述颇多，对明清两代的历史造诣很深，尤擅史表，1914年清史馆开馆，任《清史稿》总纂，对东北地方志也有重大贡献，曾经受张学良重金礼聘来东北讲学。光绪三十三年（1907年），参加《奉天通志》编纂时，修成《东三省沿革表》。该书首有徐世昌序曰："吴君廷燮成奉天、吉林、黑龙江《沿革表》六卷，荟萃载籍，搜罗众说，颇为赅洽，历代建置皆所致详。"

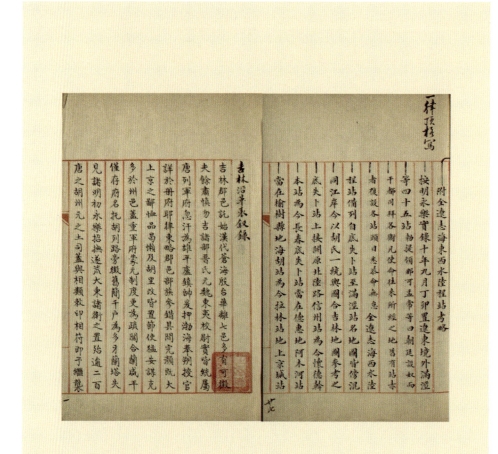

長白山天池

池天山白長

五

长白山灵迹全影

刘建封撰 王瑞祥摄影 清宣统三年（1911年）铅印本

长白山，"绝地通天，人迹罕至"，古文献中称作不咸山，辽代始称为长白山。清朝视其为龙兴之地，入关后将长白山封禁。从康熙至光绪间，清政府曾十三次派人勘察长白山，皆因林茂雪深，都是浮光掠影，未能一睹真容。刘建封于光绪三十四年（1908年）五月廿八日启程，六月廿八日登上长白山巅，八月十五日，各路勘察人员陆续回到临江，开始整理资料，绘制图表，编写报告。至宣统三年（1911年）《长白山灵迹全影》成书前，刘建封公共四次登上长白山，给后人留下了研究长白山历史文化翔实可靠的文献。《长白山灵迹全影》是有史以来第一部长白山影册，共四十二幅照片，左图右文，是清宣统刘建封勘察长白山时留下的真实的影像资料。摄影技术于清末传入中国，技术未臻完善，长白山气候多变，刘建封多次登山，"聊摄小影数片"，"至此而长白乃大显于是世云"，可谓艰辛备至。此数十帧照片首次为世人存留了这座东北亚神秘大山的影像，也给后人留下了研究长白山历史文化重要的文献和翔实可靠的考察依据。

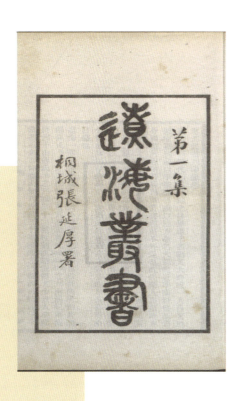

辽海丛书八十六种四百十九卷

金毓黻辑 民国二十二年至二十三年（1933—1934年）辽海书社铅印本

金毓黻（1887—1962年），字静庵，斋名静晤室、千华山馆，辽宁辽阳人，著名东北史学家，是东北史学之建立的主要开拓者和奠基人。其最重要的三部学术专著：《东北通史》上编、《宋辽金史》和《中国史学史》。该丛书初名《东北丛书》，全书包括正集与附集两部分。其有关辽海之载籍而流传于朝鲜、日本者，亦收有多种，可补前史之不足，校史之异同，为考证之资，于东北史地文献之辑佚校补，保存文献之功自不可灭。

沈兆褆，字钧平，浙江仁和人。宣统二年（1910年）"春夏之交，浮江渡海，走幽燕，入辽沈，远游肃慎故墟"，任职于吉林兵备处。陈培龙为该书作序称，"自夏徂秋，公余之暇，辄汇讨乎鸡林（吉林）之天时、地利、风土、人情，与夫政治上源流沿革，每有所得，发为咏歌，延及数月，纂成《吉林纪事诗》一编。"该书封面题签署"豫章沈兆褆钧平氏著并注门下士方履中题笺"。牌记："宣统辛亥夏六月谷旦金陵汤明林排印"。序中称：宣统二年（1910年）"远游肃慎故墟"，仅数月，作此集。收诗二百六首，虽然从卷目来看，分为图、表、职官、人物等，但称"纪事诗"者，既可作诗歌读，亦可作志书看。具有一定的史料价值。附《最近吉林全省舆图》。

吉林纪事诗四卷首一卷末一卷

沈兆褆撰并注 民国二十年（1931年）
吉林永衡印书局铅印本

香余诗钞

（清）沈承瑞著

民国六年（1917年）吉林沈氏家藏刻本

《香余诗钞》共收录诗 137 首，按内容可分为田园诗、山水诗、咏史诗、纪行诗、咏物诗、赠答诗、怀友诗以及论诗诗等类别，其诗作语言清新、内容丰富，在东北田园的清爽之中有隐士的淡远与诗人的灵性。

沈承瑞（1783—1840 年），字香余，吉林汉军旗人。约生活在乾嘉时期，师承蒋心余先生，在京城时即有诗名，投身教育，半生教书课徒，于东北教育有极大影响。其吉林乡土诗歌创作较为活跃，为清末边塞诗派主要代表人物。该本收编了沈承瑞先生的百余首诗作，内容皆为对家乡、家乡的特产的吟咏等等。此本曾经金毓黻收藏。钤印："金印毓黻""玉甫"。

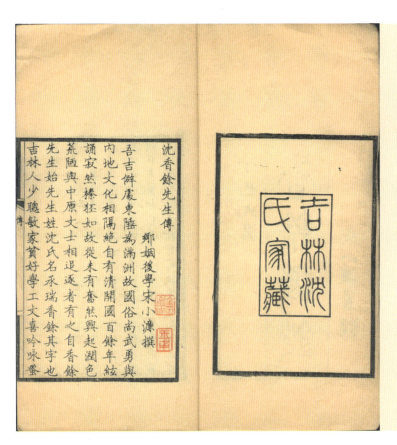

沈香餘先生傳

郷姻後學宋小濂撰

吾吉僻處東陲為滿洲故國俗尚武勇與
內地文化相隔絕自有清開國百餘年絃
誦寂然橫挺如故從未有奮然興起潤色
荒陋與中原文士相追逐者有之自香餘
先生始先生姓沈氏名承瑞香餘其字也
吉林人少聰敏家貧好學工文喜吟咏蓋

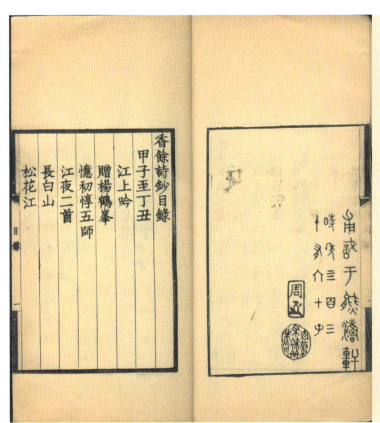

辽西诗抄

（清）苏成龙撰 清光绪二十四年（1898年）稿本

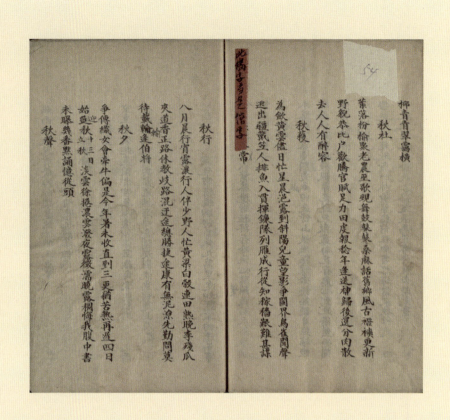

苏成龙，字子云，生平无考。约生活在清末民初。籍隶直隶景州，少积学博通经史，兼工时文诗赋。家最寒素，中年旅食京师，笔耕自给。后以明经谒选教职。另著有《两庑先生辑略》《说部集古》等书。曾任奉天宁远州学正。首有李恩瑞序、吴浔源序："光绪二十四年季夏中澣宁津吴浔源序于吴川之蛰庐。"辽西者，"昔在周末燕画辽水，分二郡，而辽西以名其地界"。苏氏自序云："我朝诗学之盛超轶前代。其卓然名家者固涵濡圣泽者……然则后之作者或即秉物以摅怀，或以赠答而寓规之作。自写性灵使读者有所感触而已。正不必摹唐拟宋……重其末而遗其本也。余才疏学浅，于所谓感天地动鬼神诗之广大精微处诚莫窥其底蕴。惟是情动于中，辄形于言。"

悲感

有母在高堂毛生捧檄喜家居仰承歡豈曰無菽水不如天家祿

馨膳日親視所以皇皇如親老急欲仕家貧祿養豐樂莫樂於此

獨恨得官遲失恃兼失恃富兒猶可說良哉裏貧子清白湖家風

不斷呼庚癸生計本來窘況又繁食指兒女多成行適為父母累

坐食日三餐凝獃無他技服賈怕牽牛藝黍不勝耕飯熟如舂蠱

不食盡不止脫粟致不充藜藋雜糠粃兒飽親忍飢喤云具甘旨

豈不憚劬勞親心有所企養兒如養樹樹好成杷梓兒小督勤學

兒大撥金紫冠蓋耀衡廬光輝生閭里支米向官倉反哺潔淤灝

吉林通志一百二十二卷图一卷

●

（清）长顺修　（清）李桂林纂

清光绪十七年（1891年）刻本

　　《吉林通志》为光绪十七年（1891年）编修的清代吉林省第一部官修的全省通志，是有感于"三百年来省志未立，无以恢宏神漠，润色鸿业"之壮举。长顺(1837—1904年)，字鹤汀，姓郭贝勒，达斡尔族，隶满洲正白旗。《清史稿》有传。光绪十三年（1887年）后先后多次出任吉林将军。其序称："今天下郡县皆有志，吉林独无专书。其事迹大凡仅附见于《盛京通志》之内。而乾隆以后，维历年因时制宜，政多因革，壤土之有离合，人民之有耗登，秩官之有增裁，名号之有升降，以今准昔，未易殚言。无以志之，将何所考？"

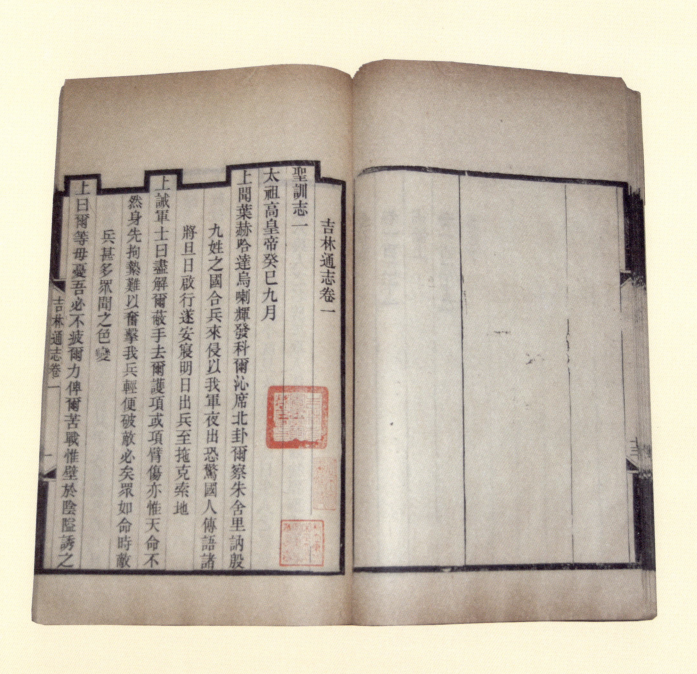

吉林通志卷一

聖訓志一

太祖高皇帝癸巳九月

上聞葉赫哈達烏喇輝發科爾沁席北卦爾察朱舍里訥殷

九姓之國合兵來侵以我軍夜出恐驚國人傳語諸

將且日啟行遂安寢明日出兵至拖克索地

上諭軍士曰盡解爾甲手去爾護項或項臂傷亦惟天命不

然身先拘縶難以奮擊我兵輕便破敵必矣眾如命時敵

兵甚多�間之色變

上曰爾等毋憂吾必不疲爾力俾爾苦戰惟壁於陰監誘之

吉林通志卷一　一

《国家珍贵古籍名录》编号：11964

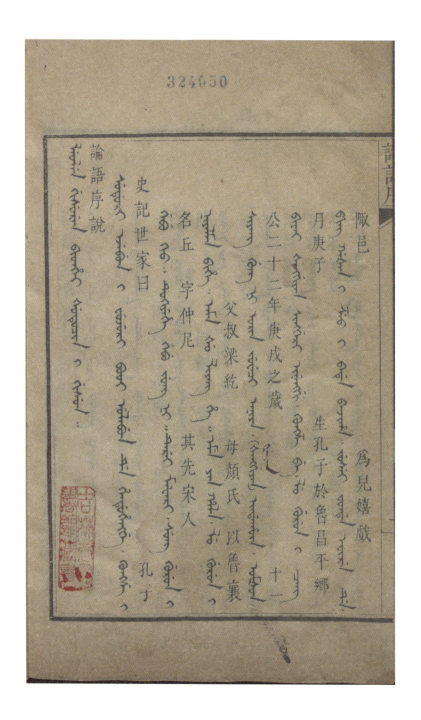

（清）高宗弘历敕译

（清）鄂尔泰译 清乾隆二十年（1755年）内府刻本

御制翻译四书六卷

　　清兵入关后，清统治者并没有强制推行满文，而是提倡汉族学习满文，满族学习汉文，两种文字并用，但满文的地位比汉文的地位优越得多，称为"国语"。当时人们学习满文非常普遍，甚至朝鲜人也要学习满文，称之为"清语"。尤其在清代中期以前，一些重要的文件都是用满文书写的。

　　该书为鄂尔泰译自汉文《四书》，保存完好，棉纸，宋体字。鄂尔泰（1677—1745年），字毅庵，姓西林觉罗氏，满洲镶蓝旗人。清康熙五十五年（1716年）出任内务府员外郎，是乾隆即位之初所倚重的大臣之一，历任军机大臣、领侍卫内大臣、议政大臣、经筵讲官，管翰林院掌院事，加衔太傅，国史馆、三礼馆、玉牒馆总裁，赐号襄勤伯，位显名全，乾隆十年（1745年）病逝，谥文端。

　　此外，清代满文图书的书口都在左边，也就是说满文图书是从右向左翻开的，这是由满文自左向右的书写形式所决定的，是清代满文图书的特色之一。

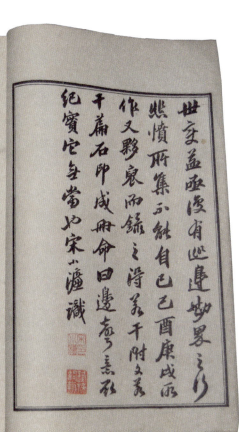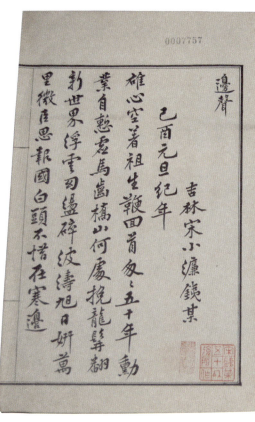

边声

宋小濂 等撰

清宣统三年（1911年）黑龙江民政司署石印本

清光绪十年（1884年），成多禄、宋小濂、徐鼐霖三人先后来到吉林崇文书院，共同受业于咸丰举人顾肇熙先生，成为志同道合的同窗好友。三人俱精于诗文，无论从政、治学，均各有建树，因此被曾任内阁中书的名士张朝墉先生称为"吉林三杰"。

该书为宋小濂诗集选。宋小濂（1860—1926年），字铁梅，吉林省双阳县人，中国近代杰出的爱国主义者，是清末民初经营和保卫黑龙江边疆的有着重要贡献和令人赞扬、崇敬的边官。"吉林三杰"中论官位数宋小濂最高，曾位至黑龙江巡抚，北洋政府总统顾问，授上将衔。宋小濂在黑龙江二十余年，熟悉边情，尤其在会勘中俄西段国界、外争国权方面，与沙俄官员多次交涉，屡挫其锋，寸土不让，为争回被沙俄强占的国土，在捍卫国家领土完整方面做出了卓越贡献。

澹盦诗草二卷

成多禄撰 清光绪二十五年（1899年）稿本

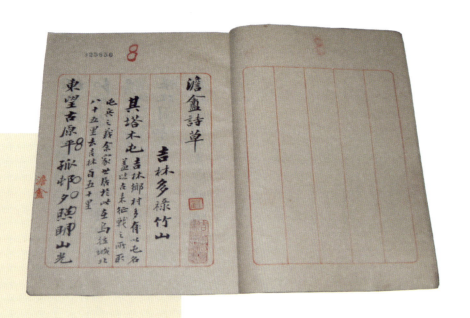

成多禄（1868—1928年），字竹山，号澹堪。吉林市人。清末民初著名书法家，书法造诣颇深，被誉为"东北四大书法家"之一。他的文稿、诗词、墨迹在北京、东北三省都被视为珍品。成氏不仅为官清廉，且诗、词、文俱佳，又工于书法。今人翟立伟、成其昌等编注有《成多禄集》，搜集成诗八百六十首，吉林文史出版社有出版。另有《澹堪诗草》《成多禄年谱》《吉林成氏家谱》以及墨迹《悚斋诗存》传世，为北方诗坛重要代表人物之一。宋小濂对成氏之诗评价为："吾吉僻处东陲，文化开最晚，二百年未有以诗鸣者。澹堪独能孤怀远迈，逸想横飞，抗衡中原，未遑多让，洵足壮江山之色，赠吾党之光矣"。

馆藏该本为成氏稿本，天头有佚名批点。

该书内容为清光绪末年程德全任上奏稿。程德全（1860—1930 年），清朝末年任黑龙江将军，民国兼任南京临时政府内务总长。徐鼐霖（1865—1940 年），吉林省永吉（今九台市）人，历任黑龙江都督府参谋长、北京总统府顾问，清光绪三十一年（1905 年），任海伦直隶厅同知的徐鼐霖协助程德全在外交上同沙俄侵略者斗争，为发展边务、创办银行出谋划策。

虽然该书起讫时间仅为光绪三十至三十四（1904—1908 年）的短短五年，却是对清末黑龙江地区的实录，诸如调停日俄战局、旗制改设民官、如何保护商运、吉江两省筹边事宜等等，保存了一些有关清末东北时局的珍贵文献资料。徐鼐霖民国任吉林省长。徐氏尤喜搜集乡邦文献，除撰有《筹边刍言》等著作外，于民国十八年组织纂修八十万言巨著《永吉县志》，对保存吉林地方文献有非常大的作用。

程德全撰　徐鼐霖等编　民国铅印本

赐福庼启事四卷

结　语

相信您参观完展览，通过阅读久远时光里传承文化的载体，鉴赏民族历史上的光荣与辉煌，品味无数古代先人智慧的结晶，已深深感受到了古代典籍的脉脉馨香。

习近平总书记强调指出："培育和弘扬社会主义核心价值观，必须立足中华优秀传统文化。牢固的核心价值观，都有其固有的根本。抛弃传统、丢掉根本，就等于割断了自己的精神命脉。"

传统文化给予我们后人春风化雨般的滋养，也是中华民族屹立于世界民族之林的底蕴所在。如何更好地保护、研究和传承文化典籍，既是我国文化建设的一项重要战略工程，又是积极培育和践行社会主义核心价值观的重要举措，因此具有重要的现实意义和深远的历史价值。

"保护为主、抢救第一、合理利用、加强管理"是"中华古籍保护计划"的总指导原则。古籍珍本就像是漫长历史中洒落的珍珠，为保护这些承载民族精神和文化的圣物，我们祖先发明了很多保护书籍的方法，更通过整理、写印加以再生和传播。我们当代人更有责任，勤加拂拭，勿使蒙尘，化身千百，代代传承。